农业农村部农民教育培训规划教材

高素质农民手册

中央农业广播电视学校
中国农民体育协会
组编

中国农业出版社
北京

图书在版编目（CIP）数据

高素质农民手册 / 中央农业广播电视学校，中国农民体育协会组编．—北京：中国农业出版社，2019.10（2023.6 重印）

（农业农村部农民教育培训规划教材）

ISBN 978-7-109-25988-1

Ⅰ.①高… Ⅱ.①中… Ⅲ.①农民-素质教育-中国-技术培训-教材 Ⅳ.①D422.6

中国版本图书馆 CIP 数据核字（2019）第 212237 号

中国农业出版社出版

地址：北京市朝阳区麦子店街 18 号楼　　邮编：100125

责任编辑：高宝祯

版式设计：杜　然　　责任校对：刘丽香

印刷：中农印务有限公司

版次：2019 年 10 月第 1 版

印次：2023 年 6 月北京第 14 次印刷

开本：700mm×1000mm　1/32　　印张：5.75

字数：90 千字

定价：20.40 元

编写委员会名单

编写人员名单

主　　编　杭大鹏　胡永万

执行主编　张　晔　齐　国

副 主 编　曹子祎　万　蕾

参编人员　（以姓氏笔画为序）

丁　鸿　马常宝　吕青青

吕韶钧　刘建水　李　君

杨　珺　杨旖旎　时海燕

张海阳　周　虎　姚景瀚

常　青

编写说明

实施乡村振兴战略，是以习近平同志为核心的党中央，着眼党和国家事业全局，顺应亿万农民对美好生活的期待，作出的重大决策部署，是决胜全面建成小康社会、全面建设社会主义现代化国家的重大历史任务。中央提出要按照产业兴旺、生态宜居、乡风文明、治理有效、生活富裕的总要求实现乡村全面振兴，这就对农业农村劳动者的理念思维、文化素养、产业技术等方面提出更高更具体的要求。习近平总书记指出，农村经济社会发展，说到底，关键在人；提高农民，就要提高农民素质。2019 年 8 月 19 日起施行的《中国共产党农村工作条例》明确要求“培养一支有文化、懂技术、善经营、会管理的高素质农民队伍，造就更多乡土人才”。农业农村部认真贯彻落实习近平总书记重要指示精神和党中央部署要求，先后启动实施农民教育培训专项工程，联合中组部开展农村实用人才带头人和大学生村官示范培训，联合教育部启动百万高素质农民学历提升行动，大力提高农民综合素质，加快培养高素质农民队伍。

为做好农民教育培训工作，提升教育培训质量和效果，从2014年起，农业农村部对农民教育培训教材进行了整体规划，并委托中央农业广播电视学校承担组编工作。根据农民需求，我们按照简单实用、方便查阅、满足需求的原则编写了《高素质农民手册》，介绍高素质农民的基本特征和相关知识、强农惠农富农相关政策、领办创办新型农业经营主体、农业生产关键性实用知识、经营管理基本常识、健康生活等。

《高素质农民手册》是农民教育培训规划教材的重要组成部分和工具书，采用问答形式，解答了农民在生产生活中希望了解、查询的“三农”基本常识和相关政策规定，可作为农村实用人才、大学生村官、高素质农民培训和中、高等职业教育的通用教材；也可为高素质农民创业兴业、增收致富、创新发展提供基础性、实用性、关键性的专业知识和指导服务。

本教材由中央农业广播电视学校杭大鹏、胡永万主编，中央农业广播电视学校齐国担任副主编，农业农村部农村社会事业促进司刘建水、政策与改革司张海阳，江苏农林职业技术学院丁鸿，农业农村部耕地质量监测保护中心马常宝，中国农业大学烟台研究院时海燕，北京师范大学吕韶钧，中央农业广播电视学校常青、杨珺、万蕾、姚景瀚、杨旖旎、周虎、吕青青、李君参与编写。中央农业广播电视学校童濛濛、杨珺、万蕾、姚景瀚、杨旖旎负责教材编写组织工作和统稿。

本教材编写过程中难免有疏漏之处，敬请广大读者批评指正。

中央农业广播电视学校
2019年9月

目 录

一、高素质农民的基本特征和相关知识

1. 高素质农民具备哪些特征？

高素质农民是广大农民中的优秀代表，是农业农村人才队伍的重要组成部分。2019年8月19日起施行的《中国共产党农村工作条例》提出“培养一支有文化、懂技术、善经营、会管理的高素质农民队伍，造就更多乡土人才”。高素质农民应具备的特征：

一是有文化，具有一定的文化程度、科学素养和学习能力；对先进的发展理念和科学技术具有较强的接纳能力；具备较强的社会责任和职业道德，拥有文明健康的生活方式。

二是懂技术，熟练掌握所从事产业、社会化服务岗位、农村社会领域的实用技术和技能，能够及时跟进并承接新技术新品种新装备。

三是善经营，具有较强的市场意识，善于开拓市场、组织营销，具备风险防控和创新发展能力；能够及时应对市场变化，对新产业新业态以及一二三产融合具有较强的适应能力。

四是会管理，掌握现代经营管理方式方法，产业链条带动能力强，能够合理调配人、财、物和土地等各种资源，组织生产并获得相应经济收益。

2. 高素质农民发挥哪些作用?

（1）支撑乡村振兴。党的十九大提出实施乡村振兴战略，明确产业兴旺、生态宜居、乡风文明、治理有效、生活富裕的总要求。高素质农民的观念、知识和能力结构对农业农村改革发展的成效至关重要，应积极发挥主体作用，争做发展产业的主力军、绿色农业的实践者、文明乡风的塑造者、乡村治理的带头人、村民致富的引路人。

（2）引领现代农业发展。当前，我国正处于改造传统农业、发展现代农业的关键时期，农业生产经营方式正从种养为主、手工劳动为主，向拓宽领域、广泛采用农业机械和现代科技转变，现代农业已发展成为一二三产高度融合的产业体系。高素质农民能创新、敢创业，能够也应该运用自己掌握的现代农业生产经营理念和技术去改造传统农业，发展新产业新业态，应用新技术新装备，成为推进农业转型升级的新力量。

（3）保障粮食安全和主要农产品有效供给。解决近 14 亿人的吃饭问题，是治国安邦的头等大事。目前，我国主要农产品供求仍处于“总量基本平衡、结构性紧缺”的状况，而且随着人口总量增加、城镇人口比重上升、居民消费水平提高、农产品工业用途拓展，我国农产品需求呈刚性增长。高素质农民应大力开展标准化、专业化生产，发展规模化、集约化经营，生产更多更安全的粮食，为确保国家粮食安全和主要农产品有效供给提供基础支撑。

（4）提高农业生产经营效益。目前我国农业发展中的最大短板是劳动生产率低、产品竞争力弱，在国际市场竞争中处于被动地位。高素质农民要充分发挥主体作用，依靠先进科技和经营管理理念，强化农业科技最新成果的推广应用，探索适度规模经营，不断提高土地产出率、资源利用率、劳动生产率，推动收入稳步增长，并带动周边农民致富，让农业经营有效益，让农业成为有奔头的产业。

（5）助力脱贫攻坚。实现农村贫困人口全部脱贫，关键是要促进农民特别是贫困农民收入持续增长。目前，农民增收的渠道还不多，能力比较弱，持续增收的长效机制还没有建立起来。高素质农民创新创业能力强，要充分发挥示范作用，带动有劳动力的贫困户发展特色产业脱贫致富，确保农村不拖全面小康的后腿。

（6）承担社会责任。高素质农民既要继承传统农民的优良品质，更要有开阔的视野和新的生态观、安全观、责任观，要弘扬优秀传统文化，参与带动农民文化体育活动，促进乡村文明建设；要树立生态文明观念，对生态负责；保障农产品生产安全，对消费者负责；保证土地的永续利用，对子孙后代负责。

3. 什么是国家农民教育培训专项工程?

2012年以来，农业农村部、财政部贯彻落实党中央和国务院部署要求，坚持农民教育培训基础性公益性地位，启动实施了农民教育培训专项工程，以中央财政专项为牵引，推动各地加大投入，加快培养适应现代农业发展需要的高素质农民。2019年中央财政投入20亿元实施农民教育培训专项工程，带动省级财政投入6.25亿元，以高素质农民为重点，全面提升农民综合素质和自我发展能力。2019年国家农民教育培训专项工程，以促进产业兴旺为目标，以突出产业扶贫、农业结构调整、乡村产业发展三方面人才支撑为重点，坚持就地培养和吸引提升并重，组织实施了农业经理人培养、新型农业经营主体带头人轮训（含现代青年农场主）、现代创业创新青年培养和农业产业精准扶贫培训四个计划。

（1）农业经理人培养计划。重点面向农业企业和新型农业经营主体的经营管理人员，提升其经营管理及市场开拓能力，促进农业企业和新型农业经营主体健康发展，带动农民共享产业增值收益。

（2）新型农业经营主体带头人轮训计划。重点面向家庭农场、农民合作社、小微农企和农业社会化服务组织带头人开展轮训，提高新型农业经营主体生产经营水平和带动小农户发展能力。

(3) 现代创业创新青年培养计划。重点面向返乡创业大学生、中高职毕业生、返乡农民工和退伍军人等农业后继者，补齐农业农村知识短板，增强创业兴业能力。

(4) 农业产业精准扶贫培训计划。重点面向全国 832 个贫困县有劳动能力的贫困户，满足当地确定的扶贫主导产业需求，开展产业扶贫带头人经营能力培训、贫困户专项生产技能培训，使得贫困农民掌握 1～2 项生产技能，具备依靠劳动改善生活的能力。

4. 什么是农村实用人才带头人和大学生村官示范培训？

农村实用人才带头人和大学生村官示范培训始于 2006 年，由农业农村部与中组部联合举办。培训对象包括两方面群体，一是村组干部和大学生村官为主的农村基层组织管理人员，二是农民合作组织和农业企业负责人、家庭农场主等新型农业经营主体带头人。参训学员由各级农业农村部门和组织部门统一择优选调。

示范培训定位于提升理念、开阔思路和增强能力，依托全国新农村建设和现代农业发展先进村，建设形成了 27 个部级农村实用人才培训基地体系，各地也相继选建了一批省级基地，通过这些培训基地培养各类带头人。培训课程分为经验传授、专题讲座、现场教学、研讨交流四部分。示范培训把新农村建设的生动实践现场作为培训课堂，邀请十佳农民等优秀农民代表和基层组织负责人登上讲台现身说法，逐步探索形成“村庄是教室、村官是教师、现场是教材”的培养模式。同时建立起部、省、基地三级管理体系，层层落实培训工作，不断完善组织管理。截至目前，全国已举办千余期培训班，培训近 10 万人次，在带动各地农业农村人才培养、服务基层组织建设、促进农民交流合作、推动现代农业发展等方面都取得了显著成效。

5. 什么是百万高素质农民学历提升行动计划?

为深入实施乡村振兴战略，落实《国家职业教育改革实施方案》和《高职扩招专项工作实施方案》，农业农村部、教育部于 2019 年 6 月正式启动“百万高素质农民学历提升行动计划”。该计划的总体目标是全面完成 2019 年高职扩招培养高素质农民任务，在此基础上经过 5 年的努力，培养 100 万名接受学历职业教育、具备市场开拓意识、能推动农业农村发展、带领农民增收致富的高素质农民，形成一支留得住、用得上、干得好、带得动的“永久牌”乡村振兴带头人队伍。打造 100 所乡村振兴人才培养优质校，显著提升涉农职业院校培养高素质农业农村人才的质量水平。基本形成遵循乡村振兴带头人成才规律和学习特点的涉农职业教育选才、育才、用才政策机制，为乡村振兴战略提供人才支撑。

该计划以现职农村“两委”班子成员、新型农业经营主体和乡村社会服务组织带头人、农业技术人员、乡村致富带头人、退役军人、返乡农民工等为重点培养对象。在招生程序上，按照“简化程序、方便农民、只跑一次”的原则，优先招录具有培训证书、职业技能等级证书、职业资格证书和农民职称的农民以及农业广播电视学校学员在内的中职毕业生。在入学标准上，对高素质农民扩招实行单列计划，鼓励符合条件的农民积极报考，倡导免文化素质的考试，只要通过相关职业适应性测试或职业技能测试即可优先录取。在学习模式上，采取“农学结合、工学交替”，农闲季节以专业理论教学为主，农忙季节以生产实践教学为主。在学习方式上，采取全日制学习形式，施行弹性学制和灵活多元教学模式，各培养院校针对高素质农民（村干部）学习需要，量身定制培养方案，合理设置课程体系，确保总学时数不低于2 600学时，集中学习每学年不低于360学时，实践实习每学年不低于400学时，理论和实践教学比例不低于1∶1。在考核评价方式上，综合运用考试、素质评价、技能测试等多种方式对农民学习成果进行考核，学习期满达到毕业要求的，颁发相应高等教育专科学历证书。

有学习意愿的农民可关注当地涉农职业院校发布的招生信息。

6. 如何提高农民教育培训质量效果？

为提高农民教育培训的针对性、规范性、有效性，服务乡村振兴战略实施，2019 年农业农村部正式启动提质增效三年行动。农民教育培训提质增效围绕提升农民教育培训工作质量和效能，对农业农村行政主管部门和培训机构提出明确要求。

农业农村行政主管部门要全面转变理念，由注重培训数量转变为数量质量并重，重点建机制、定规范、抓考核；要推进分层级分类型培育，夯实师资、教材、实训基地和信息化等基础建设，提升教育培训精准性；要健全完善教育培训体系，强化各级农广校培训功能的同时，鼓励涉农院校系统化培训，引导和鼓励各类主体发挥自身优势承担教育培训实训工作；要加强参训农民的跟踪服务，创造有利于农民成长发展的政策环境，提升务农兴业含金量，让农民真正成为有吸引力的职业。

农民教育培训机构要坚持以培育对象为中心，遵循客观规律，尊重农民需求，精心组织培训，抓实落细培训环节。**一要做好培训对象遴选及需求调研**，根据培养目标遴选培训对象，围绕地方产业发展实际优先遴选培训意愿强烈的农民。以县为单元，开展摸底调研，摸清不同对象对内容、模式、手段的需求，力争培训对象的精准化。**二要严格落实分层分类分模块培训要求，**围绕不同对象实施差别化培训。针对新型农业经营主体带头人，培训内容重点关注品牌创建、市场营销、企业管理、融资担保等。针对创新创业人员，培训内容重点关注基本素养、团队合作、科学发展等。针对专业大户等农民，培训内容重点关注新技术、新品种、新成果、新装备的推广应用等。针对农业经理人，培训内容重点关注经营管理和人力资源管理等。**三要创新培训方式，**推行围绕产业周期的分段式、交替式培育，提升实习实训比例；科学设置通用课程、专业课程、现场学习、生产实践等教学环节；注重使用互动教学方式，增强培训吸引力；探索推进线上线下融合培训，逐步提高在线学习在培训中的比重，逐步实现“线上培训、线下集中、实训参观”相融合。**四要畅通农民提升渠道，**抓住国家职业教育改革和高职扩招重大机遇，围绕实施“百万高素质农民学历提升行动计划”，推进职业培训与职业教育在课程内容、教学过程、学习成果和路径方式等方面的衔接，推动农民职业培训与中职、高职甚至本科以上教育层次的有机衔接，全面提升农民的学历层次和执业能力。

7. 如何获取农民教育培训学习资源?

中央农业广播电视学校（农业农村部农民科技教育培训中心）是集教育培训、技术推广、科学普及、信息传播和农民体育运动指导等多种功能为一体的农民教育培训专门机构，也是我国运用现代远程教育手段多形式、多层次、多渠道开展农民教育培训的主渠道和主力军。农民可根据自身需求，通过以下渠道获取中央农业广播电视学校（农业农村部农民科技教育培训中心）面向全国提供的各类学习资源。

一是广播学习资源。主要包括在中央人民广播电台开设的《三农早报》《小康农家》《乡村讲堂》《致富快车》四档栏目，内容涉及“三农”政策信息、农业科技知识等，每天播出近2小时（图1-1）。

二是电视学习资源。主要包括在中央电视台农业农村频道（CCTV-17）开设的《田间示范秀》栏目，每日首播50分钟（图1-2），对标产业兴旺、人才振兴，帮助农户破解生产经营难题，向农户传授先进科学的生产经营理念，手把手教农户掌握实用技能、处理实际问题；在中组部全国党员干部现代远程教育专用频道开设的《农业生产经营》栏目，内容涉及种植、养殖、储藏加工、经营管理、农家生活、政策法规等，每天播出1小时（图1-3）。

CNR 中国之声
《致富快车》

播出频率：FM106.1兆赫
播出时段：4:30~4:55
栏目定位：传授致富技术
培养致富技能
提高致富能力
微信号：

CNR 中国乡村之声
《三农早报》

播出频率：AM720千赫
播出时段：6:30~7:00
栏目定位：播报三农信息
关注三农热点
解读三农政策
微信号：

CNR 中国乡村之声
《小康农家》

播出频率：AM720千赫
播出时段：6:00~6:30
栏目定位：讲小康故事
品农家生活
走创富之路
微信号：

CNR 中国乡村之声
《乡村讲堂》

播出频率：AM720千赫
播出时段：23:00~23:30
栏目定位：普及农业科技
培训生产技能
倡导健康生活
微信号：

图 1-1 广播学习资源

三是网络学习资源。主要包括在“中国农村远程教育网”（http://www.ngx.net.cn/）中《在线学习》栏目提供的各类在线学习资源，包括：中等职业教育课程、农村实用人才带头人培训课程、农业农村实用技术、农业科技人员知识

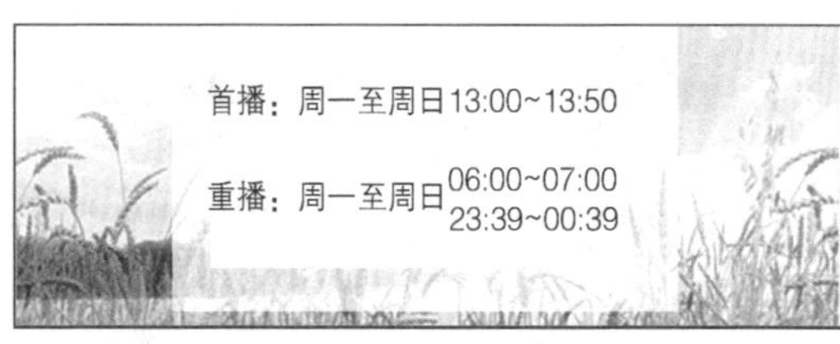

图 1－2 《田间示范秀》栏目播出时间

图 1－3 《农业生产经营》栏目播出时间

更新课程等。

“云上智农”App（图 1－4）中提供在线学习、专家答疑、培训申请等服务，学习资源内容涉及粮油、果蔬、畜禽、水产、经营管理等。

图 1－4 “云上智农”App

二、强农惠农富农相关政策

1. 什么是农业支持保护补贴?

从2016年起，中央在全国全面推开农业“三项补贴”改革，将种粮直补、农资综合补贴、良种补贴合并为“农业支持保护补贴”。2019年，相关部门继续按照《财政部　农业部关于全面推开农业“三项补贴”改革工作的通知》（财农〔2016〕26号）有关要求执行，保持政策的连续性、稳定性，确保广大农民直接受益。

政策目标：支持耕地地力保护和粮食适度规模经营。

适用对象：耕地地力保护补贴对象原则上为拥有耕地承包权的种地农民，但对已作为畜牧养殖场使用的耕地、林地、成片粮田转为设施农业用地、非农业征（收）用耕地等已改变用途的耕地，以及长年抛荒地、占补平衡中“补”的面积和质量达不到耕种条件的耕地等不再给予补贴。粮食适度规模经营补贴，支持对象倾斜种粮大户、家庭农场、农民合作社和农业社会化服务组织等新型农业经营主体，体现“谁多种粮食，就优先支持谁”。

补贴标准：耕地地力保护补贴标准由地方根

据补贴资金总量和确定的补贴依据综合测算确定，补贴资金通过“一卡（折）通”等形式直接兑现到户。粮食适度规模经营补贴，各地可结合实际采取灵活形式，如贷款贴息、重大技术推广与服务补助等方式，支持新型农业经营主体发展多种形式粮食适度规模经营，不鼓励对新型经营主体采取现金直补。

2. 购置农机怎么补贴？

补贴范围：2018—2020 年农机购置补贴政策继续在全国所有农牧业县（场）范围内实行。

实施方式：自主购机、定额补贴、先购后补、县级结算、直补到卡（户），补贴对象为从事农业生产的个人和农业生产经营组织，补贴机具种类由各省结合实际从全国范围中选择确定，实行补贴范围内机具敞开补贴。

补贴标准：补贴额度依据同档产品上年市场销售平均价格测算，原则上测算比例不超过30%。一般机具的中央财政资金单机补贴额不超过 5 万元；挤奶机械、烘干机单机补贴额不超过 12 万元；100 马力以上拖拉机、高性能青饲料收获机、大型免耕播种机、大型联合收割机、水稻大型浸种催芽程控设备单机补贴额不超过 15 万元；200 马力以上拖拉机单机补贴额不超过 25 万元；大型甘蔗收获机单机补贴额不超过 40 万元；大型棉花采摘机单机补贴额不超过 60 万元。西藏和新疆南疆五地州（含南疆垦区）继续按照《农业部办公厅　财政部办公厅关于在西藏和新疆南疆地区开展差别化农机购置补贴试点的通知》（农办财〔2017〕19 号）执行。

补贴资金申请：购机者自主向当地农机化主管部门提出补贴资金申领事项，按规定提交申请资料，其真实性、完整性和有效性由购机者和补贴机具产销企业负责，并承担相关法律责任。实行牌证管理的机具，要先行办理牌证照。严禁以任何方式授予补贴机具产销企业进入农机购置补贴辅助管理系统办理补贴申请的具体操作权限，严禁补贴机具产销企业代替购机者到主管部门办理补贴申请手续。各地可结合实际，设置购机者年度内享受补贴资金总额的上限及其申请条件等。鼓励有条件的省份探索利用“农业农村部新型农业经营主体直报系统”实行网上补贴申请试点。

补贴资金兑付：县级农机化主管部门、财政部门按职责分工、时限要求对补贴相关申请资料进行形式审核，组织核验重点机具，由财政部门向符合要求的购机者发放补贴资金。对实行牌证管理的补贴机具，可由农机安全监理机构在上牌过程中一并核验；对安装类、设施类或安全风险较高类补贴机具，可在生产应用一段时期后兑付补贴资金。

3. 农机报废更新有补贴吗?

2019 年继续在全国范围内开展农机报废更新补贴试点，详细情况可咨询当地农业农村主管部门。

政策目标：加快老旧农机淘汰，促进节能减排、环境保护和安全生产。

补贴对象：试点地区从事农业生产的个人和经营组织。

补贴范围：享受报废补贴的机具应是在农机监理机构登记或能够提供来历证明的拖拉机和联合收割机。

补贴标准：拖拉机报废补贴标准根据马力段的不同补贴额从 500 元到 11 000 元不等，联合收割机报废补贴标准根据喂入量（或收割行数）的不同从 3 000 元到 18 000 元不等。农机报废更新补贴与农机购置补贴相互衔接、同步实施、同时兑付。

实施方式：老旧农机所有者（机主）自愿将拟报废的农业机械交售给承担农机报废更新补贴试点工作的农机回收单位，取得回收证明等凭证后，到当地县级农机化主管部门所属农机安全监理机构办理农业机械报废手续，注销农机牌证。在购置新机时享受农机报废更新补贴，同时按照农机购置补贴政策有关规定享受购机补贴。

4. 农机深松整地作业有什么补助？

依据《全国农机深松整地作业实施规划（2016—2020年）》，2019年继续实施农机深松整地作业补助。

政策目标：农机深松整地以打破犁底层、提高土壤通透性为目的，作业深度一般要求达到或超过25厘米，作业质量应符合农业行业标准《深松机作业质量》（NY/T 2845—2015）。能够改善耕地质量，提高农业综合生产能力，促进农业可持续发展。

补助范围：在北京、天津、河北、山西、内蒙古、辽宁、吉林、黑龙江、江苏、安徽、山东、河南、湖北、湖南、广东、广西、海南、重庆、云南、西藏、陕西、甘肃、青海、宁夏、新疆等省（直辖市、自治区）和新疆兵团、黑龙江农垦、广东农垦设置了农机深松整地作业补贴。

补助对象：项目区内自愿实施农机深松整地的农民（包括农场职工），或者开展农机深松整地的农民（农机户）。项目区以外的，暂不享受补助政策。

补助方式：各地采取“先作业后补助、先公示后兑现”的方式，向农民、农机户或农机服务组织发放农机深松整地作业补助。

补助标准：各地综合考虑本辖区工作基础、

地理条件、技术模式、成本费用等因素确定。

发放流程：补贴发放前，需县（市、区）农机化主管部门组织农机服务组织（或农机户）对深松整地作业进行核查验收，合格后，当地财政部门将补贴资金通过“一卡（折）通”直接兑付到补助对象手中。

5. 耕地轮作休耕有补助吗？

2016 年，国家启动实施耕地轮作休耕制度试点，试点面积 616 万亩*，补助资金 14.36 亿元。此后，试点规模不断扩大，试点区域不断拓展，试点成效逐步显现，初步探索了有效的组织方式、技术模式和政策框架。

补助范围：2019 年，中央财政支持开展耕地轮作休耕制度试点面积 3 000 万亩。其中，（1）轮作试点 2 500 万亩，主要在东北冷凉区、北方农牧交错区、黄淮海地区和长江流域的大豆、花生、油菜产区实施。具体地，在内蒙古、辽宁、吉林、黑龙江以玉米与大豆轮作为主，与杂粮杂豆、薯类、饲草、油料等作物轮作为辅。在安徽、山东、河南及江苏北部推行玉米改种大豆为主，兼顾花生、油菜等油料作物。在河北推行马铃薯与胡麻、杂粮杂豆等作物轮作。在江

---

* 亩为非法定计量单位，1 亩≈667 米^2。——编者注

苏、江西小麦稻谷低质低效区实行稻油、稻菜、稻肥等轮作。在湖北、湖南、四川大力开发冬闲田扩种油菜（湖南轮作不能在长株潭重金属重度污染区实施），同时在四川推广玉米大豆轮作或间套作。（2）休耕试点500万亩，主要包括地下水超采区、重金属污染区、西南石漠化区、西北生态严重退化地区，涉及河北、黑龙江、湖南、贵州、云南、甘肃、新疆等省（自治区）。

补助标准：对于轮作，按照每年每亩150元的标准安排补助资金。对于休耕，按每年每亩500～800元的标准安排补助资金。

发放方式：中央财政将补助资金分配到省，由省里按照试点任务统筹安排，因地制宜采取直接发放现金或折粮实物补助的方式，落实到县乡，兑现到农户。

6. 进行粮改饲有什么补助？

补贴范围：2019年，粮改饲政策主要在河北、山西、内蒙古、辽宁、吉林、黑龙江、安徽、山东、河南、广西、贵州、云南、陕西、甘肃、青海、宁夏、新疆17个省（自治区）和黑龙江省农垦总局实施。选择玉米种植面积大、牛羊养殖基础好、种植结构调整意愿强的县实施全株青贮玉米等优质饲草料收贮的粮改饲补贴。在主推青贮玉米的基础上，因地制宜推广苜蓿、燕麦、甜高粱等优质饲草料品种。

补贴对象：规模化草食家畜养殖场户或专业青贮饲料收贮合作社等新型农业经营主体。

补贴标准：国家财政每年平均给予每个试点县补助资金 1 000 万元，实施周期是 3 年。

7. 牧区良种推广有什么补助?

2019 年，中央财政继续实施牧区良种推广补助，安排专项资金，在内蒙古、四川、云南、西藏、甘肃、青海、宁夏和新疆等 8 省（自治区）支持牧区畜牧良种推广，主要用于对使用良种精液开展人工授精的肉牛养殖场（小区、户），以及存栏能繁母羊 30 只以上、牦牛能繁母牛 25 头以上的养殖户进行适当补助。通过项目实施，养殖户减少了人工授精配种的成本支出，降低了生产成本，提高了生产水平，增加了收益。同时，这一项目也助力各省区健全基层牛羊良种繁育体系。

8. 动物防疫怎么补助?

2019 年动物防疫补助主要包括三个方面：强制免疫补助、动物疫病强制扑杀补助、养殖环节无害化处理补助。

（1）强制免疫补助。

补贴方式：2019 年继续对符合条件的养殖

场户强制免疫，实行“先打后补”，养殖场户自主采购、财政直补。开展“先打后补”的养殖场户可自行选择国家批准使用的相关动物疫病疫苗。对目前暂不符合条件的养殖场户，强制免疫疫苗继续实行省级集中招标采购。

补贴种类：口蹄疫（猪、牛、羊、骆驼和鹿等偶蹄动物）、高致病性禽流感（鸡、鸭、鹅、鸽子、鹌鹑等家禽）、小反刍兽疫（羊）、布病、包虫病（牛、羊等）等动物疫病。

补贴范围：口蹄疫、高致病性禽流感、小反刍兽疫补助范围为全国，布病补助范围为北京、天津、河北、山西、内蒙古、辽宁、吉林、黑龙江、山东、河南、陕西、甘肃、青海、宁夏、新疆15个省（自治区）和新疆生产建设兵团，包虫病补助范围为内蒙古、四川、云南、西藏、陕西、甘肃、青海、宁夏、新疆9省（自治区）和新疆生产建设兵团。

补贴标准：动物免疫补贴经费由地方财政部门根据兽医部门提供的养殖场户实际免疫数量和免疫效果安排。

（2）动物疫病强制扑杀补助。

国家在预防、控制和扑灭动物疫病过程中，对被强制扑杀动物的所有者给予一定补助，补助经费由中央财政和地方财政按比例承担。

补贴种类：非洲猪瘟、口蹄疫、高致病性禽流感、小反刍兽疫、布病、结核病、包虫病、马鼻疽和马传贫。

补贴标准：禽 15 元/羽，猪 800 元/头，奶牛 6 000 元/头，肉牛 3 000 元/头，羊 500 元/只，马 12 000 元/匹，其他畜禽补助测算标准参照执行。各省（自治区、直辖市）可根据畜禽大小、品种等因素细化补助测算标准。

（3）养殖环节无害化处理补助。

养殖环节无害化处理补助由中央财政根据国家统计局公布的生猪饲养量和合理的生猪病死率、实际处理率测算各省（自治区、直辖市）无害化处理补助经费，包干下达各省级财政部门，主要用于养殖环节病死猪无害化处理支出。各省（自治区、直辖市）按照“谁处理、补给谁”的原则，对病死畜禽收集、转运、无害化处理等各环节的实施者予以补助。

9. 农产品产地初加工可以得到什么补助？

补助范围：2012 年开始补助优势主产区、特色产业带主要农产品储藏、保鲜、烘干等设施建设。

补助对象：承担项目实施的农民合作社、家庭农场和农户。每个专业合作社补助贮藏设施总库容不超过 800 吨、数量不超过 5 座，每个家庭农场补助贮藏设施总库容不超过400吨、数量不超过2座。

补助标准：中央财政对纳入目录的各类设施实行全国统一定额补助，单体建设补贴1万～34万。

补助方式：采取“先建后补”。按照规定程序申报并获得批准建设完成的初加工设施，经县级农业农村、财政等部门组织验收合格后，由县级财政部门向实施对象兑现补助资金。

10. 草原生态保护有什么奖励？

奖励范围：2016—2020年国家在河北、山西、内蒙古、辽宁、吉林、黑龙江、四川、云南、西藏、甘肃、青海、宁夏、新疆13个省（自治区）和新疆生产建设兵团、黑龙江农垦总局，启动实施新一轮草原生态保护补助奖励政策。

奖励方式：禁牧补助是对生存环境恶劣、退化严重、不宜放牧以及位于大江大河水源涵养区的草原实行禁牧封育，中央财政按照每年每亩7.5元的测算标准给予禁牧补助，5年为一个补助周期。禁牧期满后，根据草原生态功能恢复情况，继续实施禁牧或者转入草畜平衡管理。草畜平衡奖励是对禁牧区域以外的草原根据其承载能力核定合理载畜量，实施草畜平衡管理，中央财政对履行草畜平衡义务的牧民按照每年每亩 2.5 元的测算标准给予草畜平衡奖励。引导鼓励牧民在草畜平衡的基础上实施季节性休牧和划区轮牧，形成草原合理利用的长效机制。

11. 小麦、稻谷最低收购价政策怎么执行？

执行范围：2019 年国家继续在粮食主产区实行小麦、稻谷最低收购价政策。

收购标准：2019 年生产的小麦（三等）最低收购价格为每 50 千克 112 元。2019 年生产的早籼稻、中晚籼稻和粳稻最低收购价格分别为每 50 千克 120 元、126 元和 130 元，国家对有关稻谷主产省给予适当补贴支持。

12. 什么是玉米和大豆生产者补贴？

补贴范围：2019 年继续在辽宁省、吉林省、黑龙江省和内蒙古自治区实施玉米及大豆生产者补贴。

补贴方式：中央财政将玉米、大豆生产者补贴统筹安排，补贴资金采取“一卡（折）通”等形式兑付给生产者。具体补贴范围、补贴依据、补贴标准由各省（自治区）人民政府按照中央要求、结合本地实际具体确定，但大豆补贴标准要高于玉米。鼓励各省（自治区）将补贴资金向优势产区集中。为推动稻谷最低收购价改革，保护种粮农民收益，在相关稻谷主产省份实施稻谷生产者补贴，中央财政将一定数额补贴资金拨付到省，由有关省份制订具体补贴实施方案。

13. 新疆棉花目标价格在什么情况下补贴，怎么补贴？

补贴范围： 从 2014 年开始，国家对新疆维吾尔自治区棉花实行目标价格补贴试点政策，试点期为 2014—2016 年。2017 年，国家完善了目标价格形成机制、定价周期，目标价格水平三年一定，2017—2019 年新疆棉花目标价格水平为每吨 18 600 元。同时，补贴方法也有所优化，对新疆享受目标价格补贴的棉花数量进行上限管理，超出上限（547 万吨）的不予补贴。2019 年，继续实施新疆棉花目标价格补贴政策。

补贴方式： 补贴资金采取“一卡（折）通”等形式直接兑付给棉花实际种植者。

14. 支持果菜茶有机肥替代化肥有什么政策？

政策目标： 2017 年起，在全国范围内，选择果菜茶种植优势突出、有机肥资源有保障、有机肥施用技术模式成熟、产业发展有一定基础、地方有积极性的重点县（市、区），开展果菜茶有机肥替代化肥试点，以新型农业经营主体为承担主体，探索一批“果-沼-畜”“菜-沼-畜”“茶-沼-畜”等生产运营模式，推进资源循环利用。

政策范围：2017 年全国选择了 100 个县进行试点，2018 年新增 50 个。2019 年，扩大试点规模和范围，在全国选择 175 个重点县开展有机肥替代化肥示范，打造一批绿色优质产品生产基地。遴选程序：一是县级申请，各省（自治区、直辖市）农业农村部门根据下达的新增试点任务，组织符合条件的县（市、区）人民政府提交相关材料。二是省级评审，各省（自治区、直辖市）农业农村部门会同财政部门，采取实地考核、现场答辩、专家评审等方式，等额确定新增试点县名单并进行公示。公示无异议的，会同省级财政部门向农业农村部、财政部正式行文报送。三是部级审核。综合考虑果菜茶优势产区分布和有机肥资源利用状况，兼顾产业发展水平、基础工作条件、扶贫攻坚任务等，组织专家对报送的新增试点县进行审核，符合条件的备案后实施。具体实施项目县名单每年可在农业农村部网站（http://www.moa.gov.cn/）查询。

15. 支持化肥、农药零增长有什么政策?

政策目标：为推进农业发展方式转变，有效控制化肥农药使用量，保障农业生产安全、农产品质量安全和生态环境安全，促进农业可持续发展，2015 年农业部制定《到 2020 年化肥使用量零增长行动方案》《到 2020 年农药使用量零增长行动方案》。争取到 2020 年，初步建立科学施肥管理和技术体系，以及资源节约型、环境友好型病虫害可持续治理技术体系，科学施肥用药水平明显提升。2015—2019 年，逐步将化肥使用量年增长率控制在 1%以内。到 2020 年，单位防治面积农药使用量控制在近三年平均水平以下，主要农作物化肥和农药使用量实现零增长。

政策内容： 2019 年，在前几年开展化肥、农药使用量零增长行动的基础上，进一步深化化肥、农药减量增效工作，促进绿色兴农、质量兴农。在化肥减量增效方面，采取四项措施：一是精准施肥。在粮食主产区和园艺作物优势产区，通过与肥料企业的深度合作，制定大配方，大面积推广配方肥。改进施肥方式，推广农机农艺融合的施肥技术，重点是推广玉米种肥同播、水稻侧深施肥、水肥一体化等施肥技术，提高化肥利用效率。二是有机肥替代。结合实施果菜茶有机肥替代化肥试点和畜禽粪污资源化利用项目，引导农民利用畜禽养殖废弃物积造施用有机肥，加工施用商品有机肥，就地就近用好畜禽粪便有机肥资源。三是调优结构。分区域、分作物完善科学施肥配方，调优养分结构，提高肥料利用效率。四是示范带动。突出重点区域、重点作物，继续在全国选择300个县开展化肥减量增效示范，集中展示化肥减量增效集成技术。大力培育种植大户、家庭农场、农民合作社等新型农业经营主体，发挥规模化、标准化的示范引领作用，集成推广一批化肥减量增效的技术模式，示范带动更大范围的推广。

在农药减量增效方面：深入开展农药使用量零增长行动，转变病虫防控方式，大力推广化学农药替代、精准高效施药、轮换用药等科学用药技术。加快新型植保机械推广应用步伐，进一步提高农药施药效率和农药利用率。结合实施重大农作物病虫害统防统治补助项目，大力扶持发展植保专业服务组织，提高防控组织化程度，实现病虫综合防治、农药减量控害。推进统防统治与绿色防控融合，打造全程绿色防控示范样板，引领带动农药大面积减量增效行动，力争主要农作物病虫绿色防控覆盖率达到30%以上。

16. 种苜蓿有什么支持?

政策范围：《全国苜蓿产业发展规划（2016—2020年）》确定了东北及内蒙古、西北、华北和南方4个苜蓿产业发展区域和238个重点县。对新增的规模化苜蓿种子田、集中连片苜蓿种植基地给予资金补贴支持。

补助标准：中央财政每年安排3亿元支持

50 万亩高产优质苜蓿示范片区建设。片区建设以 3 000 亩为一个单元，一次性补贴 180 万元（每亩 600 元），重点用于推行苜蓿良种化、应用标准化生产技术，改善生产条件和加强苜蓿质量管理等方面。

补助方式：项目立项后，预先补助 50%；验收合格，再补 50%。验收不合格，追回预先补助的 50%，或限期整改后安排剩余的 50%。

17. 高素质农民“融资难、融资贵、融资慢”怎么办？

党中央、国务院高度重视新型农业经营主体面临的融资难题。2015 年，中央财政专门出资建立了政策性的全国农业信贷担保体系，不以盈利为目的，专注于解决高素质农民的“融资难、融资贵、融资慢”问题。在国家层面成立国家农业信贷担保联盟公司，省级层面成立 33 家省级农业信贷担保公司，在主要农业市县设立 1 100 多家分支机构，形成了覆盖全国的业务网络。农担体系主要在三个方面解决高素质农民的融资问题：

一是解决“融资难”问题。各级农担公司由政府财政出资打造，与银行开展战略合作，受银行高度认可，为新型农业经营主体提供政府信用担保，帮助他们顺利从银行获取贷款，增加贷款额度。

二是缓解“融资贵”问题。农担体系不以盈利为目的，仅收取1%～2%的担保费，远低于市场平均水平。农担公司介入后，有效降低新型农业经营主体综合融资成本（银行贷款利率加担保费率）2～3个百分点。

三是解决“融资慢”问题。农担公司专注农业，熟悉农业产业特点，设计的担保产品契合农业生产周期及生产特点，为新型农业经营主体提供更多免抵质押、信用类担保产品，采用银行绿色通道方式简化审批流程，贷款期限灵活，采取随用随借、随借随担（贷）等多种方式，有效满足高素质农民生产经营的实际需要。

项目申报及各省农担相关信息可查询国家农业信贷担保联盟有限责任公司官网（http://guojianongdan.cn/）。

18. 中央财政对哪些农业保险保费进行补贴？

2019年中央财政补贴险种主要包括以下几个方面，种植业：玉米、水稻、小麦、棉花、马铃薯、油料作物、糖料作物以及水稻、小麦、玉米制种。养殖业：能繁母猪、奶牛、育肥猪。森林：已基本完成林权制度改革、产权明晰、生产和管理正常的公益林和商品林。其他品种：青稞、牦牛、藏系羊、天然橡胶，以及财政部根据党中央、国务院要求确定的其他品种。对于上述补贴险种，全国各地均可自主自愿开展，经财政部确认符合条件的地区，财政部将按规定给予保险费补贴支持。

19. 中央财政对农业保险保费补贴标准是什么？

2019 年在地方自愿开展并符合条件的基础上，财政部按照以下规定提供保险费补贴：

种植业方面，在省级财政至少补贴 25%的基础上，中央财政对中西部地区补贴 40%、对东部地区补贴 35%；对纳入补贴范围的新疆生产建设兵团、中央直属垦区、中国储备粮管理总公司、中国农业发展集团有限公司等，中央财政补贴 65%。**养殖业方面，**在省级及省级以下财政至少补贴 30%的基础上，中央财政对中西部地区补贴 50%、对东部地区补贴 40%；对中央单位，中央财政补贴 80%。**森林方面，**公益林在地方财政至少补贴 40%的基础上，中央财政补贴 50%；对大兴安岭林业集团公司，中央财政补贴 90%。商品林在省级财政至少补贴 25%的基础上，中央财政补贴 30%；对大兴安岭林业集团公司，中央财政补贴 55%。**藏区品种、天然橡胶方面，**在省级财政至少补贴 25%的基础上，中央财政补贴 40%；对中央单位，中央财政补贴 65%。

在上述补贴政策的基础上，中央财政对产粮大县的三大粮食作物保险进一步加大支持力度。

对省级财政给予产粮大县三大粮食作物农业保险费补贴比例高于25%的部分，中央财政承担高出部分的50%。其中，对农户负担保险费比例低于20%的部分，需先从省级财政补贴比例高于25%的部分中扣除，剩余部分中央财政承担50%。在此基础上，如省级财政进一步提高保险费补贴比例，并相应降低产粮大县的县级财政保险费补贴负担，中央财政还将承担产粮大县县级补贴降低部分的50%。

20. 设施农用地发展有什么支持政策？

2014年起，国家进一步规范了设施农用地管理。生产设施、附属设施和配套设施用地直接用于或者服务于农业生产，其性质属于农用地，按农用地管理，不需办理农用地转用审批手续。生产结束后，经营者应按相关规定进行土地复垦，占用耕地的应复垦为耕地。非农建设占用设施农用地的，应依法办理农用地转用审批手续，农业设施兴建之前为耕地的，非农建设单位还应依法履行耕地占补平衡义务。对于附属设施用地的具体要求为：进行工厂化作物栽培的，附属设施用地规模原则上控制在项目用地规模5%以内，但最多不超过10亩；规模化畜禽养殖的附属设施用地规模原则上控制在项目用地规模7%以内（其中，规模化养牛、养羊的附属设施用地规模比例控制在10%以内)，但最多不超过15亩；水产养殖的附属设施用地规模原则上控制在项目用地规模7%以内，但最多不超过10亩。根据规模化粮食生产需要合理确定配套设施用地规模。南方从事规模化粮食生产种植面积500亩、北方1 000亩以内的，配套设施用地控制在3亩以内；超过上述种植面积规模的，配套设施用地可适当扩大，但最多不得超过10亩。

21. 什么是家庭农场培育计划?

2019年8月，经国务院同意，中央农村工作领导小组办公室、农业农村部、国家发展和改革委员会、财政部等11部门和单位联合印发《关于实施家庭农场培育计划的指导意见》(以下简称《指导意见》)，对加快培育发展家庭农场做出总体部署。《指导意见》明确，到2020年，支持家庭农场发展的政策体系基本建立，管理制度更加健全，指导服务机制逐步完善，家庭农场数量稳步提升，经营管理更加规范，经营产业更加多元，发展模式更加多样。到2022年，支持家庭农场发展的政策体系和管理制度进一步完善，家庭农场生产经营能力和带动能力得到巩固提升。

《指导意见》提出，要完善登记和名录管理制度，以县(市、区)为单位引导家庭农场适度规模经营，取得最佳规模效益；把符合条件的种养大户、专业大户纳入家庭农场范围；加强示范家庭农场创建，开展家庭农场示范县创建，强化典型引领带动，鼓励各类人才创办家庭农场，积极引导家庭农场发展合作经营；建立健全政策支持体系，依法保障家庭农场土地经营权；鼓励家庭农场参与粮食生产功能区、重要农产品生产保护区、特色农产品优势区和现代农业产业园建设；支持家庭农场开展农产品产地初加工、精深加工、主食加工和综合利用加工，自建或与其他新型农业经营主体共建集中育秧、仓储、烘干、晾晒以及保鲜库、冷链运输、农机库棚、畜禽养殖等农业设施；健全面向家庭农场的社会化服务和家庭农场经营者培训制度；强化用地保障，鼓励各地通过多种方式加大对家庭农场建设仓储、晾晒场、保鲜库、农机库棚等设施用地支持；完善和落实财政税收政策；加强金融保险服务，合理确定贷款的额度、利率和期限，拓宽抵质押物范围，增强家庭农场贷款的可得性；探索开展中央财政对地方特色优势农产品保险以奖代补政策试点，有效满足家庭农场的风险保障需求；支持发展“互联网+”家庭农场；探索适合家庭农场的社会保障政策。

22. 什么是农民合作社规范提升行动？

2019 年 9 月，经国务院同意，中央农村工作领导小组办公室、农业农村部等 11 个部门和单位联合印发《关于开展农民合作社规范提升行动的若干意见》（以下简称《意见》）。《意见》要求，到 2020 年，农民合作社质量提升整县推进试点范围稳步扩大，运行管理制度更加健全，民主管理水平进一步提升，成员权利得到切实保障，支持政策更加完善。到 2022 年，农民合作社质量提升整县推进基本实现全覆盖，示范社创建取得重要进展，辅导员队伍基本建成，农民合作社规范运行水平大幅提高，服务能力和带动效应显著增强。《意见》明确，要完善章程制度，健全组织机构，规范财务管理，合理分配收益，加强登记管理；增强农民合作社服务带动能力，鼓励农民合作社发展乡村产业，强化服务功能，参与农村基础设施建设和文化建设，加强农民合作社与农户特别是贫困户的利益联结，推进合作与联合，引导家庭农场组建或加入农民合作社。《意见》强调，不得对新建农民合作社的数量下指标、定任务、纳入绩效考核，防范以农民合作社名义开展非法集资活动。

23. 农民工返乡创业有什么支持政策？

国家对农民工返乡创业的政策扶持主要有八个方面：第一，简化登记注册手续，为农民工创业开启绿色通道；第二，金融贷款财政贴息；第三，以奖代补，先建后补，政府购买服务；第四，支持使用集体建设用地和执行农业生产用电；第五，对农民工进行线上线下职业培训；第六，对农民工完善社会保障，对创业失败有社会救助；第七，鼓励农民工进行网上电商经营；第八，为农民工创新创业建立基地园区、孵化园，给予创业租金补贴。以河南省为例，当地出台了《财政支持农民工返乡创业20条政策措施》，如：对符合相关要求的返乡农民工初始创业者，补贴5 000元；对参加创业培训的返乡农民工给予创业培训补贴，补贴标准为1 500元；对创业孵化基地内由返乡农民工创办的实体，3年内发生的物管费、卫生费、房租费、水电费等，补贴50%的费用，年补贴最高限额1万元；对全省返乡农民工“创业之星”奖补1万元等。

24. “全国十佳农民”怎么遴选、资助？

从2014年起“全国十佳农民”资助项目由农业农村部负责组织实施，每年一次，每届资助10人。资助项目成立遴选工作领导小组，具体工作由遴选工作领导小组办公室负责。遴选办公室设在农业农村部人事司，下设由中华农业科教基金会牵头组建的初选工作委员会和评选工作委员会。

资助对象：以农业生产为主要职业，以农业

收入为主要经济来源的高素质农民。

资助经费：中华农业科教基金会每年出资50万元，给予每名“全国十佳农民”5万元的资助。

遴选程序：印发资助项目申报通知，组织人选推荐工作。基层组织推荐人选，由县级及以上农业农村主管部门自下而上逐级推荐。各省成立推荐评审委员会，汇总审核推荐人选，按照分配名额产生本辖区推荐人选，并公示5个工作日无异议后，报送中华农业科教基金会。遴选办公室负责对申报人推荐材料进行审查，初选工作委员会召开会议，产生30名进入评选阶段的提名人选，公示5个工作日无异议后，提交评选工作委员会评选，选出建议资助人选，经遴选小组审议后，报农业农村部领导审定，审定后的人选名单在农民日报等媒体公示5个工作日，无异议后公布。

25. 农民教育培训“百名优秀学员”怎么遴选、资助？

从2019年起农民教育培训“百名优秀学员”遴选资助由农业农村部科技教育司负责组织实施，每年一次，每次评选100名优秀农民学员，由中华农业科教基金会给予资助。

资助对象：参加并完成农民教育培训专项工

程，学得好、干得好、带得好的优秀农民学员。

资助经费：中华农业科教基金会每年出资100万元，给予每名“百名优秀学员”1万元的资助。

遴选程序：农业农村部科技教育司印发通知，组织开展推荐工作。县级农业农村行政主管部门组织推荐人选，报省级农业农村行政主管部门。省级农业农村行政主管部门汇总审核产生本辖区推荐人选，公示5个工作日无异议后报送农业农村部。中央农业广播电视学校会同中华农业科教基金会对申报人推荐材料进行形式审查。科技教育司会同中华农业科教基金会聘请有关专家组成专业评审委员会，对候选人进行评审，选出建议资助人选。评审结果在中华农业科教基金会网站及科技教育司网站上公示5个工作日，无异议后公布。

三、领办创办新型农业经营主体

1. 新型农业经营主体主要有哪些?

目前我国新型农业经营主体主要有种养大户、家庭农场、农民合作社、农业产业化龙头企业和社会化服务组织等。

种养大户是指从事某种农产品的专业化生产，经营规模明显大于当地农户的一种新型农业生产经营主体。对专业大户没有户籍和雇工方面的限制，其经营规模上限也没有规定。家庭农场是指以家庭成员为主要劳动力，具有一定数量以上且稳定的经营规模，以农业收入为家庭主要收入来源，经有关部门注册登记或认定的农业生产经营主体。农民合作社是指在农村家庭承包经营基础上，农产品的生产经营者或者农业生产经营服务的提供者、利用者，自愿联合、民主管理的互助性经济组织。农业产业化龙头企业是指以农产品生产、加工或流通为主业，通过合同、合作、股份合作等利益联结方式直接与农户紧密联系，使农产品生产、加工、销售有机结合、相互促进，在规模和经营指标上达到规定标准并经政府有关部门认定的农业企业。社会化服务组织是指在家庭承包经营的基础上，为农业产前、产中、产后各个环节提供服务的各类机构和组织。

新型农业经营主体之间可以通过“农业龙头企业+农民合作社+家庭农场（农户）”等模式形成经营合作联盟，农业龙头企业对其他经营主体起到带头引领作用，主要通过技术资金支持、经营管理指导、市场对接等，实现共利共赢。农民合作社为合作社成员提供生产、加工、购销、仓储、融资等服务，按照标准化管理组织社员生产经营，并能带动其他农户，帮助农户增收增效。

2. 家庭农场是如何认定的?

农业农村部出台了关于家庭农场认定的原则性意见，各地区因地制宜都相应制定了家庭农场认定办法及标准。

（1）认定机构为各地农业农村行政管理部门。目前我国家庭农场认定制度实行自愿登记注册，登记注册的机构是各地市场监督管理部门，家庭农场根据实际情况自愿选择是否去市场监督管理部门登记注册。（有关登记注册的程序及需要提交的材料可在当地市场监督管理部门的网站查询）

（2）认定标准。各地出台的家庭农场管理办法中，认定标准有区别，但核心标准差异不大。一是对家庭农场劳动力的限定，家庭农场以家庭成员为主要劳动力，对雇工有限定；二是对生产经营范围的界定，家庭农场专门从事农业生产，农业是主要收入来源；三是对土地经营规模的要求，家庭农场要适度规模经营，各地根据土地资源条件和产业特点都制定了相应的规模标准。

（3）认定程序（图3-1）。

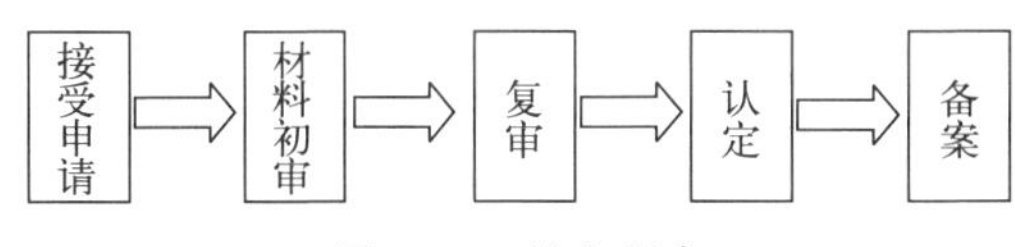

图3-1　认定程序

3. 家庭农场的主要特征有哪些？

（1）家庭经营（图3-2）。家庭农场的生产经营者主要是家庭成员，而不是主要依靠雇工从事生产经营活动，在农忙季节可以有少量的季节性雇工。如长期、大量雇工，就会出现劳动力监管问题，丧失了家庭经营优势。

图3-2　家庭经营

（2）农业生产经营。以农业种植、养殖等农业生产经营为家庭主要收入来源，经营者大都接受过农业教育或技能培训，经营管理水平较高，示范带动能力较强，具有商品农产品生产能力。

（3）适度规模经营。适度规模主要从三个方面衡量：一是与家庭成员的劳动生产能力和经营管理能力相适应；二是能实现较高的土地产出率、劳动生产率和资源利用率；三是能使经营者获得与当地城镇居民相当的收入。应从当地实际出发，依据自然经济条件、农村劳动力转移、农业机械化水平等因素，确定家庭农场的规模标准。以粮食生产为例，江苏提出100～300亩为宜，上海提出100～150亩为宜，安徽提出集中连片规模应在200亩以上，重庆提出50亩（一年两熟地区）或100亩（一年一熟制地区）以上。

（4）专业化、商品化水平相对较高。家庭农场区别于传统家庭经营的基本特征就规避低效率的小而全、大而全的生产经营方式，在农业社会化服务充分发展的前提下，从当地资源禀赋出发，以社会需求为导向，根据自身能力和职业素质，选择主导产业，进行专业化生产与经营，产品以市场销售为主，商品化水平较高。

4. 创建家庭农场需要考虑哪些基本条件？

（1）产业发展与产品供求情况。根据当地农业自然秉性、土地性质、土壤情况及气候条件，选择特色农业产业。同时要根据消费者的需求，瞄准适宜的消费市场，结合自身优势，找到市场与环境最佳的组合，提供市场最需要的产品。

（2）生产经营条件。主要包括：依据自然资源条件，因地制宜选择适宜经营项目；分析资金需求与拓展筹措渠道；了解现有生产技术并积极关注技术更新；了解生产设备设施配置情况和方式。

（3）区位交通条件。农场选址要做以下考虑，一是要尽量以现有住房和宅基地为中心，通过土地流转实现规模经营；二是重点考虑具有区位优势、生产便利的选址。对于从事便于储藏运输的大宗农产品的生产者而言，区位优势重点考虑地形地貌和生产便利性；对于生产鲜活农产品的生产者，则必须考虑市场因素和经济区位，要有良好的交通运输区位和市场交易条件。

（4）地方政府相关政策。深入了解当地政府有哪些对家庭农场创建有用的扶持政策，可以享受政府的哪些补贴政策。

5. 怎样进行家庭农场规划设计?

（1）筛选确定经营项目。要在市场调查基础上，综合考虑家庭农场区位条件和资源条件、家庭成员的技术专长、农产品市场供求、价格等因素以及相关扶持政策等，对项目进行筛选确定。

（2）确定经营规模。重点考虑家庭劳动力数量、家庭经济实力、生产条件、经营类型等因素，种植类重点考虑劳动用工消耗情况，养殖类重点考虑家庭的经济实力和投资筹资能力，种养结合型需要综合考虑多种因素。

（3）安排农场功能分区。依据经营目标对生产区、示范区、观光区、服务区、休闲配套区等进行合理布置。

（4）基础设施配套建设。根据家庭农场的地形、土壤、水源条件等基础条件，立足长远，保证水利、电力、沟渠等基础设施建设能满足未来长期生产发展的需要。

（5）设计分期生产经营方案。在充分市场调研和考虑生产技术要求基础上，明确项目建设目标和建设期限，进行统筹规划、分期建设、逐步实施。

（6）资金管理。家庭农场一般需投资百万元以上，应确立投资理念、投资顺序，统一规划、逐步实施，避免由于建设不合理造成资金浪费。

（7）综合效益分析。根据市场价格及产量估算产值；估算土地租金、投入品支出、雇工费等生产成本；估算销售收入、投资回收期等。

6. 家庭农场的经营模式有哪些？

（1）粮食类家庭农场（图 3－3）。以种植水稻、小麦、玉米等农作物为主的家庭农场，应根据各地生产条件进行合理项目选择和生产茬口布局，具有规模大，专业化、机械化水平较高，价格相对比较稳定，市场风险相对较小，国家政策扶持力度大等特点。

图 3-3 粮食类家庭农场

（2）园艺类家庭农场（图 3-4）。生产蔬菜、果品、花卉、茶叶、食用菌等园艺作物的家庭农场，具有规模相对较小；投入成本大、技术要求高、用工多；可实行反季节农产品供应，附加值高、效益较高；价格波动大、市场风险大等特点。

（3）养殖类家庭农场。以畜禽和水产养殖为主的家庭农场（图 3-5），具有前期投资较大；疫病防控风险大；生产污染相对较大，需要配备废弃物处理设施；肉类价格波动幅度相对较大，市场风险较大等特点。

（4）种养结合类家庭农场（图 3-6）。包括

图 3-4　葡萄家庭农场

图 3-5　畜禽类家庭农场

粮食与畜禽养殖结合，园艺与畜禽养殖结合，粮食与水产养殖结合，粮食、园艺与畜禽养殖结合等类型。具有经济效益可观；采用种养结合循环模式，生态效益显著；农产品品质好；抗风险能力增强等特点。

（5）休闲观光类家庭农场（图 3-7）。休闲观光类农场主要提供以农产品作为载体的服务产品，满足顾客吃住游购等需求。具有一二三产相

图 3-6　种养结合类家庭农场

图 3－7　休闲观光类家庭农场

融合，产业链延长，经济效益高；市场需求大；提升农场的文化品质内涵等特点。

7. 示范性家庭农场一般具有哪些标准?

目前，示范性家庭农场评定主要分为省级、市级和县级，高一级的示范性家庭农场从低一级的示范性家庭农场中评定，层级不同，要求和标准不同，主要有下列标准：

（1）家庭农场主具有一定的农业生产经历及技能。家庭农场主专业从事一定年限以上的农业生产经营活动，具备从事农业生产经营必备的资质和条件，接受过农业技能培训，持有相关的职业技能证书；能掌握和采用现代农业先进生产技术，先进科技应用面达到一定比例以上。

（2）家庭农场具有一定规模和经营收入。经营的土地面积达到相应规模，土地流转符合规定年限，流转期限内无转包行为。家庭农场年收入达到一定数量，并且主要收入是农业生产经营收入。

（3）家庭农场具有完善的生产经营设施设备。生产设施装备与经营规模配套，具备防灾抗灾能力，拥有必要的农业机械，农业生产主要环节基本实现机械化，或接受较高的社会化配套服务。

（4）家庭农场标准化生产程度高。实行标准化生产，生产管理制度健全，生产过程中有详细记录，并形成记录档案，建立了产品质量可追溯制度。

（5）家庭农场的农产品具有一定的品牌和效益。产品有稳定的销售渠道、有注册商标或可供长期使用的品牌。土地、劳力、资本要素配置合理，土地产出率、劳动生产率、经济效益（亩均效益）等高于当地同行业平均水平一定比例以上。

8. 农民合作社如何登记注册？

（1）登记注册步骤流程。一是到当地市场监督管理部门申领《农民合作社名称预先核准申请书》（图 3-8）。二是领取农民合作社名称预先核准通知书，并妥善管理，办理完相关手续后交回市场监督管理部门。三是准备登记前置许可文件。业务范围有属于法律、行政法规或者国务院规定在登记前须经批准的项目的，应提交有关批准文件。如棉花加工，需提交发改部门颁发的棉花加工许可证。四是合作社设立人下载填写申请登记需要的各类文书，相关登记申请文书表格可登录当地市场监督管理部门网站下载或者到当地市场监督管理部门领取。农民合作社设立登记申请需提交的具体材料详见表3-1。五是将准备好的材料提交当地市场监督管理部门审核。

表3-1　登记需提交材料

序号	登记需提交材料
1	《农民合作社登记（备案）申请书》
2	全体设立人签名、盖章的设立大会纪要
3	全体设立人签名、盖章的章程
4	法定代表人、理事的任职文件和身份证明
5	全体出资成员签名、盖章的出资清单
6	法定代表人签署的成员名册和成员身份证明复印件
7	住所使用证明
8	指定代表或者委托代理人的证明
9	名称预先核准通知书（经名称预先核准的须提交）
10	农民合作社申请登记的业务范围中有法律、行政法规或者国务院决定规定必须在登记前报经批准的项目，应当提交有关的许可证书或者批准文件复印件

农民合作社名称预先核准申请书

<table>
<tr><td>申请名称</td><td colspan="3"></td></tr>
<tr><td rowspan="2">备选名称(请选用不同的字号)</td><td colspan="3">1.</td></tr>
<tr><td colspan="3">2.</td></tr>
<tr><td>业务范围</td><td colspan="3"></td></tr>
<tr><td>住所</td><td colspan="3"></td></tr>
<tr><td colspan="4">设立人</td></tr>
<tr><td colspan="2">姓名或名称</td><td>成员类型</td><td>证照类别及号码</td></tr>
<tr><td colspan="2"></td><td></td><td></td></tr>
<tr><td colspan="2"></td><td></td><td></td></tr>
<tr><td colspan="2"></td><td></td><td></td></tr>
<tr><td colspan="2"></td><td></td><td></td></tr>
<tr><td colspan="2"></td><td></td><td></td></tr>
<tr><td colspan="2"></td><td></td><td></td></tr>
<tr><td colspan="2"></td><td></td><td></td></tr>
<tr><td colspan="2"></td><td></td><td></td></tr>
</table>

经办人签名：

年　月　日

注：经办人为农民合作社全体设立人指定代表或者委托代理人。

图 3-8　农民合作社名称预先核准申请书

（2）登记注册注意事项。提交的申请书与其他申请材料应使用 A4 型纸。提交材料未注明提交复印件的，应提交原件；提交复印件的，应注明“与原件一致”并由申请人签字，或者由其指定的代表或共同委托的代理人加盖公章或签字。

9. 农民合作社能为其社员农户提供哪些服务？

（1）农业生产资料购买服务。农民合作社按照需求统一购买生产资料，以成本价卖给合作社成员，资金不足可以采取先登记领取的方式，待农产品销售后进行抵扣。这样解决了农户购买假冒伪劣生产资料、价格高、资金不足等诸多问题。

（2）农产品销售服务。合作社按照约定的价格统一收购农户的农产品，帮助农户解决了市场销售问题，而且合作社在和农户签订合同时严格要求一定的农产品生产标准，倒逼农户提高农业标准化生产水平。

（3）农业生产信息服务。合作社通过各种信息平台和途径为社员提供市场信息、技术信息、销售信息等服务，解决农户和大市场脱节的问题，使得农户种得对、产得顺、卖得好。

（4）农业生产技术服务。合作社通过提供新品种、新技术，提高农产品的产量和品质，增加合作社及其社员的销售收入。

（5）农业生产托管服务。合作社成员由于外出打工、经营效益低等原因，可以将承包的土地由合作社托管、统一经营，社员按照托管协议可以获取经营分红或土地租金等收益。

（6）农产品加工服务。合作社兴办加工厂，统一收购社员的农产品进行加工，或者为社员提供农产品初加工服务，按加工成本收取加工费用。

（7）农业金融服务。资金问题是农户生产经营中存在的突出问题，合作社可以为成员提供贷款信息，提供贷款担保，甚至通过合作社内部成员提供资金互助等方式解决社员的生产资金问题。

10. 如何推进农民合作社的规范化建设？

农民合作社是互助性经济组织，其实行的是以合作社成员为主体，以劳动为基础，按成本原则服务，按交易量分红的民主管理制度，其组织形式、内部运行机制、内外部利益关系的处理等方面要严格依法办事。农民合作社的规范化建设主要包括以下方面：要有健全的章程和“三会”制度；有民主管理制度；有透明的财会制度和合理的盈余分配制度；有较强的经营服务能力；政府及社会化组织要加强对合作社的指导与服务。从合作社的规范化建设来看，农民合作社要实现对外运营上的企业化，对内制度要符合分配民主、管理民主的原则，才能实现合作社经营的效率和公平。

11. 农民合作社示范社一般具有哪些标准?

目前，农民合作社示范社评定主要分为国家级、省级、市级和县级标准，国家制定了《国家农民专业合作社示范社评定及监测暂行办法》，明确了国家级标准。原则上高一级的示范社从低一级的示范社中评定，层级不同，要求和标准不同，主要有下列标准：

（1）民主管理好。包括：一是每年至少召开一次成员（代表）大会，涉及重大财产处置和重要生产经营活动等事项由成员（代表）大会决议通过，成员（代表）大会选举和表决实行一人一票制，切实做到民主决策和管理；二是实行社务公开和财务公开制度，并建立健全社务监督机构，行使监督权，切实做到民主监督。

（2）经营规模大。经营产业是本区域优势主导产业或特色产业，经营规模高于本区域同行业农民合作社平均水平，生产经营机械化程度高，合作社拥有一定数量的农机具装备等。

（3）服务能力强。每个层次的合作社示范社入社成员数量高于本区域同行业农民合作社成员平均水平，农民合作社为社员提供的生产经营全过程服务要达到规定的比例，并能进行标准化生产和产品质量管理。

（4）产品质量优。农民合作社所有成员能够按照《农产品质量安全法》和《食品安全法》的规定，建立生产记录制度，完整记录生产全过程，实现产品质量可追溯，获得“三品一标”证书要达到一定的数量和比例。合作社农产品具有一定的品牌，并能获得较高的经济效益。

（5）社会声誉高。合作社及其社员无生产（质量）安全事故、行业通报批评、媒体曝光等不良记录。成员收入较高，每个层次示范社社员收入相应高于本区域内同行业非成员农户收入一定比例以上。

12. 什么是农民合作社联合社？联合社具有哪些优势？

农民合作社联合社是由三个以上的农民合作社自愿联合起来的组织，联合社以其全部财产对该社的债务承担责任，联合社的成员以其出资额为限对联合社承担责任。联合社的主要形式有两种，一是专业型联合社，同行业的农民合作社联合组建的联合社，例如几个蔬菜专业合作社成立一个蔬菜专业联合社；二是综合型联合社，同地区的不同行业的农民合作社自愿组建的联合社，例如由粮食生产合作社、农机合作社、农产品销售合作社等联合成立的综合型联合社。联合社把经营规模小、资金实力弱、市场竞争力有限的合作社联合起来，抱团发展，形成了较大规模，大大提升了服务能力和市场竞争能力，主要优势有：

（1）能提供优质优价农业生产资料的购买服务。联合社规模大，采购生产资料的市场更加广阔，对假冒劣质生产资料识别能力强，议价能力强，节约交易成本和费用，通过交易价格上的优惠让社员获得更多的经济利益。

（2）能更好地为社员提供销售服务。联合社具有更强的市场竞争能力，其品牌效应强，营销模式先进，并且能够通过营销倒逼社员提高农业标准化水平和生产经营管理水平，实现较高的生产经营收入，共同致富。

（3）提升了市场竞争力，在联合社内实现了一二三产融合发展。单个合作社一般是农业生产单个环节的专业合作社，或者是种植养殖，或者是农机服务，或者是农产品加工，或者是销售服务。联合社把这些产前、产中、产后的专业合作社联合起来，形成某个农产品全产业链的生产经营服务，实现了价值链的延伸。

13. 社会化服务组织的模式有哪些?

（1）政府主导的公益性社会化服务。一是政府和集体服务组织的公益性服务，主要有农业技术推广站、畜牧兽医站、林业站、农机站、经管站、水利电力排灌站，供销合作社、农村信用社、种子公司，村、组集体经济组织的服务等。二是政府购买服务，国家正在试点以政府购买服务等方式支持符合条件的经营性服务组织承担农业公益性服务。

（2）经营性社会化服务。是以市场化为导向，经济效益为目标的专业化、社会化服务组织，包括专业化的服务公司、专业合作社、龙头企业等，也可以是“合作社＋家庭农场”“龙头企业＋家庭农场”“龙头企业＋合作社＋家庭农场”等形式，服务内容主要包括农业生产前、生产中、生产后的社会化服务。如，“合作社＋家庭农场”的经营模式是一种以合作社为依托，农业生产类型相同或类似的家庭农场在自愿基础上组成利益共同体，通过市场信息资源共享，农技农机统一安排使用，在农产品的产、加、销各个阶段为各个家庭农场成员提供包括资金、技术、生产资料、统一加工储存、销售等在内的社会化服务，在很大程度上实现农业产业化经营。如江西省九江市昌久世纪植保专业合作社由30位农户和种植大户共同组建，合作社现有社员76户，带动周边农户100户。合作社统一收费标准、配方药剂、防治时间、喷药作业、验收防效，为专业大户、家庭农场、农民合作社提供低成本、便利化、高效率、全方位全程式的农作物病虫害统防统治服务。

14. 社会化服务组织主要提供哪些服务？

（1）生产资料供应服务。主要是化肥、种子、农药的供应，资金的供应，农机配件和农电供应，以及农业生产中的其他买难问题。

（2）生产、加工服务。主要是生产过程中的作业环节服务，如委托育秧服务、畜禽饲料加工、农产品的初级加工、保鲜加工等。

（3）农产品销售服务。统一标准、统一品牌、统一流通配送、统一加工，解决卖难问题。

（4）科技服务。包括水利、农机、畜牧兽医、作物栽培、良种繁育、植物保护，以及发展农业生产所需要的技术指导，重点是技术培训、技术咨询、技术承包等。

（5）信息服务。主要是生产经营中所需的产品供求信息、价格信息等。如政府建立从中央到省、市、县、镇、村等多层级的农业信息网络服务平台，发布最及时的、最准确的农业信息，为家庭农场等提供农场经营、销售等各种信息。

（6）政策法规服务。主要是政策法规咨询、契约公证、合同仲裁、诉讼协助等服务，保证农业经营者的合法权益。

15. 领办创办新型农业经营主体主要的风险有哪些?

（1）自然风险。由于新型农业经营主体仍以农业生产为主，因此自然风险包括自然灾害和病虫害风险。

（2）市场风险。农业生产资料的购买风险和农产品销售风险。购买风险主要是假农资的风险。销售风险主要是指农产品价格因市场影响较大，受市场供求关系的变化，价格大起大落。

（3）土地流转风险。土地经营权的长期稳定是新型农业经营主体适度规模发展的首要前提。未履行规范的土地流转手续、土地流转期限不明确或过短、土地流转双方未按要求履行合同都会引起经营风险。

（4）财务风险。家庭农场投入很大，特别是刚创办的家庭农场，资金需求量很大，回报周期却很长。贷款难、融资难的问题成为制约家庭农场发展的瓶颈。此外，由于认识不到位，主体往往忽视财务记账，导致没有对财务进行专业化管理，从而影响生产经营管理。

（5）技术风险。新型农业经营主体的发展离不开技术的支持与更新，但很多经营者的文化水平不高，对新科技的学习能力较弱，一旦跟不上科技更新的速度，便会增大被淘汰的概率。

16. 新型农业经营主体如何进行风险防控?

新型农业经营主体通常都具有一定的规模性，其所耗费的成本也远远高于传统农业生产的投入，因此面临的市场风险、经营管理风险、融资风险等更高。

新型农业经营主体进行风险防控，首先要主动了解和熟悉政府有关新型农业经营主体的相关扶持政策，包括国家制定或提供的相关的财政补贴、奖励、优惠政策等，有利于在国家保障的基础上避免一定的风险。其次积极参与落实农业项目政策保险，实现农业项目的基本保障。政策性农业保险，是以保险公司市场化经营为依托，政府通过保费补贴等政策扶持，对种植业、养殖业因遭受自然灾害和意外事故造成的经济损失提供的直接物化成本保险。如今全国各地均对农业项目保险政策有明确的规定，新型农业经营主体可以对照条件进行投保。此外，新型农业经营主体还可参与保险范围更广、保障额度更高的商业保险，进一步降低风险。

17. 新型农业经营主体如何申请农业项目？

新型农业经营主体可申请的项目主要分为三类：科技创新类、技术推广类和财政扶持类。科技创新类项目归口单位为县级及以上科技主管部门，技术推广类为县级及以上农业农村主管部门，财政扶持类主要为县级财政主管部门。新型农业经营主体根据国家、省、市和县级年度各类项目申报指南，选择适合自身发展的项目和扶持方式，在规定时间内向所在地县级项目归口部门申报项目。

申报项目过程中，首先在各级主管部门的官方网站浏览项目申报通知，了解每个项目的申报条件和要求，掌握每个项目的申报程序和所需材料。在分析申报指南进而明确申报内容的基础上，新型农业经营主体需认真组织开展材料撰写、实施方案编制以及附件材料准备等工作，确保申报内容符合项目支持方向，申报材料完整规范，并且在材料中要很好地反映出自身优势和已有基础。在规定时间内，将申报材料提交至项目归口部门等待考察论证。接受归口部门专家立项评审时，经营主体需在项目实施基地展示已有品种、产品、技术的规模和面积，汇报具体的实施方案，预估取得的经济效益、社会效益和生态效益（图3-9）。上述步骤结束后，及时关注项目主管部门官方网站的公示，等待项目主管部门通知。

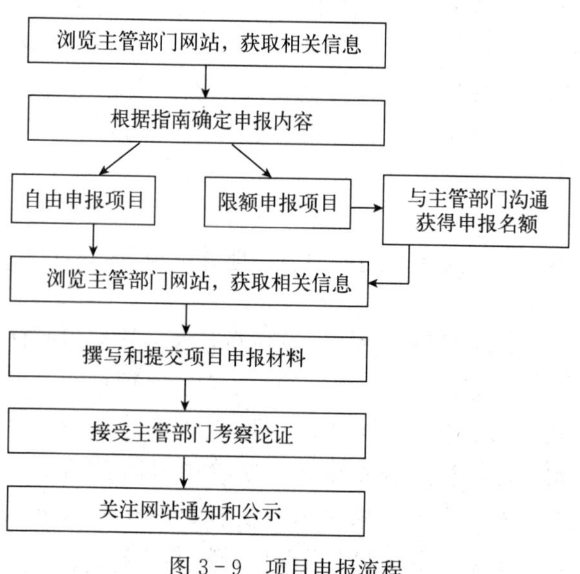

图3-9　项目申报流程

18. 新型农业经营主体发展休闲农业如何做好规划设计？

休闲农业规划是集合农业产业、村镇体

系、城乡统筹、旅游规划、风景园林规划等多学科的发展规划。主要包括区域发展战略分析、总体定位、规划设计方案、产业发展战略、项目规划、规划实施与造价估算等。还包括提出休闲农业发展重点，明确休闲农业的总体规划思路、发展定位、农业农村的整体空间格局，对生态环境保护、旅游景观节点等进行统筹规划。

要做好规划设计，首先，成立规划团队，明确规划范围、规划期限、规划指导思想，确定规划的参与者、组织规划工作组，设计公众参与的工作框架，规划过程的协调保障机制等内容。其次，收集和分析基础资料，厘清当地休闲农业产业资源，包括质量特征（如稀有度、美感度、奇特度、医疗价值、文化价值、体育价值等），资源丰富度和集聚程度，环境容量，交通、政策，开发利用现状和开发潜力综合评价。分析消费者市场，包括资源对各层次消费者的吸引力，确定目标市场、潜在市场及市场的地理区域。第三，编制方案，包括功能区规划（服务接待区、生产区、科普示范区、产品展示区等）、内部交通规划、生态规划（水系、环境保护等）、景观设施规划、服务设施规划。第四，规划评审与实施。

19. 新型农业经营主体发展休闲农业有哪些模式?

新型农业经营主体发展休闲农业有以下七种模式：①田园农业模式以农村田园景观、农业生产活动和特色农产品为旅游吸引物，开发农业游、林果游、花卉游、渔业游、牧业游等不同特色的主题旅游活动，包括田园农业游、园林观光游、农业科技游、务农体验游等形式。②民俗风情模式以农村风土人情、民俗文化为旅游吸引物，充分突出农耕文化、乡土文化和民俗文化特色，开发农耕展示、民间技艺、时令民俗、节庆活动、民间歌舞等旅游活动。③农家乐模式指农民利用自家庭院、农产品及周围的田园风光、自然景点，以低廉的价格吸引游客，包括农事参与农家乐、食宿接待农家乐、民宿型农家乐、农业观光农家乐、民俗文化农家乐、休闲娱乐农家乐等形式。④村落乡镇模式以古村镇宅院建筑和新农村格局为旅游吸引物，开发观光旅游。包括新农村风貌游、古民居和古宅院游、民族村寨游、古镇建筑游等形式。⑤休闲度假模式依托乡野风景、清新气候、地热温泉、绿色空间，结合田园景观和民俗文化，为游客提供休憩、度假、娱乐、餐饮、健身等服务。包括休闲农庄、休闲度假村、乡村酒店等形式。⑥科普教育模式利用农业观光园、农业科技生态园、农业产品展览馆、农业博览园或博物馆，为游客提供旅游活动。包括农业博览园、农业科技教育基地、观光休闲教育农业园、少儿教育农业基地等形式。⑦回归自然模式利用农村自然景观、山水、森林、湖水，发展观山、赏景、登山、森林浴、滑雪、滑水等旅游活动。包括森林公园、湿地公园、水上乐园、露宿营地、自然保护区等形式。

20. 新型农业经营主体发展休闲农业主要开发和提供哪些产品和服务?

休闲农业产品主要包括初级农产品、农作物加工品以及具有旅游产品性质的农业景观、农业体验性实物和为休闲者提供的各项服务等，是实物和服务的总和。休闲农业产品应包含以下三个层次：第一个层次是核心产品。核心层次是休闲农业产品的基本效用（即使用价值），它主要通过旅游的六大要素——食、住、行、游、购、娱的整体性融合而集中体现出来。第二个层次是形式产品。休闲农业核心产品向旅游者提供了基本的使用价值，如园区导游讲解、茶艺表演、民俗歌舞等，也具有类似形式上的特点。因而，任何一件休闲农业产品都具有某种特定的外观。形式产品包括：类型、品质、形态、商标、价格等。第三个层次是延伸产品。延伸产品是指休闲农业企业为消费者在购买和消费过程中所提供的相应服务和附加利益。如旅游咨询、优惠付款、礼品赠送和安全保卫等。休闲农业企业利用附加利益和附加服务提高休闲农业产品的满意度和信任度。休闲农业产品类型主要包括：生态观光农业、体验休闲农业、品尝购物休闲农业、休闲度假、民俗度假休闲农业（表 3－2）。

表 3－2　休闲农业产品类型与形式

类型	产品形式	代表案例
生态观光型	观光农园、观光牧场、观光渔村、科技观光游、绿色生态游	赏花节、赏花会、参观农庄、看牛羊如何挤奶、观看制作奶酪和酿酒过程
体验型	酒庄旅游、人工林场、林果采摘园	法国波尔多酒庄游、澳大利亚阿德莱德酒庄游、莫干山裸心谷、草莓采摘园、山东烟台葡萄园
品尝购物型	风味食品、乡村特产、传统手工工艺品	日本樱花甜品节

（续）

类型	产品形式	代表案例
休闲度假型	休闲农场、开心农场、乡村聚乐部、野营地	农场客栈、点心农场、农产品农场、骑马农场、家庭农场
民俗文化型	民俗文化村、农业文化区、遗产廊道、乡村博物馆、中国文化遗产、农业文化遗产	阳朔民族文化村，黄山风景区的西递、宏村古民居村落

四、农业生产关键性实用知识

1. 如何识别耕地质量的高低？

（1）看农田基础设施。重点看农田的“田、林、路、渠”情况。“田”主要看田块是否平整，没有坡度，就不易有水土流失；“林”主要看是否有防护林，防护林可以防风止沙；“路”主要看是否有田间路、生产路，有路便于生产操作；“渠”主要看灌排渠道是否完好，要做到旱能灌、涝能排。

（2）看耕地地力水平。重点看土壤有机质、全氮、有效磷、速效钾等含量，如果含量较高，表明耕地质量较好。我们可以向当地农业农村主管部门了解耕地养分含量、状况，判断耕地质量高低；也可以根据田间作物长势判断，如果作物茎秆粗壮、叶色浓绿、果实饱满、田间整齐度较好，那么耕地质量较高。

（3）看土壤健康状况。重点看土壤生物多样性和污染状况。土壤生物多样性，可以观察田间是否有一些小动物，如青蛙、蟾蜍和蚯蚓等。土壤污染状况，可以观察周围是否有工矿企业，是否有污水灌溉和污染物堆放等。

准确判断耕地质量的高低，还要由当地农业

农村局的耕地质量监测保护部门来完成。但需要提醒大家的是，我们日常的农业生产操作会直接影响耕地质量的高低，应按照农业农村主管部门的指导，加强农田基础设施建设，加强耕地养护，合理使用化肥农药农膜，不允许污染物进入田间，共同保护好耕地资源。

2. 土壤酸化的主要危害有哪些?

（1）土壤养分流失。酸化使土壤中钾、钙、镁等营养元素流失，磷和其他微量元素有效性降低，土壤肥力下降，酸化严重区域作物减产20%以上。

（2）部分土壤污染加重。一些土壤母质重金属含量较高的区域，一旦酸化，土壤中重金属活性增强，造成土壤污染加重，影响农产品质量。

（3）土壤微生物群落破坏。土壤中含有大量微生物，它们是有机物降解和土壤养分转化的重要参与者，健康的土壤中微生物群落处于平衡状态。当土壤酸化后，部分有益微生物生存环境被破坏，有害微生物快速繁育，微生物群落失衡，易诱发植物病虫害。

如果发现土壤酸化，要及时采取措施，如施用适量石灰、土壤调理剂，增施有机肥等逐步改良。

3. 如何防治土壤盐碱化?

（1）改善田间排灌设施。对于盐碱度不高的土壤，要改善田间排灌设施，建立专门的排水沟，通过大量灌水，地表洗盐，将多余的盐分移除土壤。

（2）采取深松深翻。春季干旱，蒸发量明显增强，是最易发生盐碱化的时期，采取深松或深翻措施，切断地下水向地表运输的途径，减少盐分向上移动，同时降低土壤容重，改善土壤通透性，促进作物根系发育，提高作物产量。

（3）增施有机肥。对于盐碱土壤，在改善田间排灌设施的基础上，增施有机肥，通过有机肥吸附、交换等作用降低土壤含盐量；推行秸秆还田，种植绿肥、牧草等，增加地面覆盖，减少蒸发返盐。

（4）铺沙压碱。掺沙可增加土壤孔隙度、增强土壤通透性，还可减少土壤水分蒸发，抑制深层土壤盐分向上运动，降低表层土碱化度，起到压碱作用。

4. 如何让贫瘠的土壤变肥沃?

（1）施用有机肥。有机肥是一种含有有机质、氮磷钾和中微量元素等养分的物质。施用有机肥，可改善土壤理化性状，增加有机质含量，增强土壤养分供应能力，提高作物抗虫害能力等。

（2）秸秆还田。秸秆是一种能直接利用的可再生有机资源。可以采用粉碎覆盖还田、粉碎翻压还田、堆沤还田、过腹还田等方式。秸秆还田可改善土壤理化性状，促进土壤团粒结构形成，增加土壤透气、透水、保肥能力。

（3）合理施用化肥。根据气候条件、作物类型和土壤肥力等情况，按照农业农村主管部门推荐的施肥方案，选择肥料品种、施用数量、施肥次数和施用时间，既确保各种养分均衡供应，又不造成养分流失浪费。

（4）合理轮作。轮作是实现用地养地有机结合的较好耕作方式。如东北实施粮豆轮作，利用豆科作物固氮作用，增加土壤氮素养分含量，减少化肥用量；南方实施粮绿轮作，在冬季播种绿肥，成熟后翻压入田，可以提高土壤肥力。

5. 土壤重金属污染有哪些危害?

土壤重金属污染主要包括汞、镉、铅、铬和砷等。污染源包括内源和外源两种。内源是指来自于发育土壤的母质；外源是指来自于废水、农药、污泥和大气沉降等，如汞污染来自废水，镉、铅污染来自冶炼排放和汽车废气沉降，砷污染来自杀虫剂、杀菌剂、杀鼠剂和除草剂等。

从作物生长看，土壤重金属超标引起植物生理功能紊乱、营养失调，汞、砷能减弱和抑制土壤中硝化、氨化细菌活动，影响氮素养分供应。

从人体健康看，长期食用重金属超标的食品，容易破坏人体神经系统、免疫系统和骨骼系统等，危害人体健康。如“痛痛病”，就是河流被含镉污水污染，河水、稻米、鱼虾中富集大量镉，然后又通过食物链进入人体，造成病人骨质疏松、骨骼萎缩、关节疼痛，病态十分凄惨。重金属累积在肝、肾、胰腺、甲状腺和骨骼中，造成贫血、高血压、神经痛、肾炎和分泌失调等病症，影响人们的正常生活。

如果自家田块土壤被重金属污染，教你一些小妙招。施用石灰，降低土壤酸度，降低重金属活性；喷施含硅的土壤调理剂，阻隔重金属向籽粒和果实中转移。

6. 什么是轮作休耕？

（1）轮作。重点在东北冷凉区、北方农牧交错区、长江流域稻麦与稻油低产低效区等实施。主推模式：玉米与大豆轮作，发挥大豆根瘤固氮养地作用，增加优质食用大豆供给；玉米与马铃薯等轮作，改变重迎茬，减轻土传病虫害，改善土壤物理结构；籽粒玉米与青贮玉米、饲用油菜、饲草作物轮作，以养带种、以种促养，满足草食畜牧业发展需要；玉米与杂粮杂豆轮作，减少灌溉用水，满足多元化消费需求；玉米与油料作物轮作，增加食用植物油供给；水稻与绿肥轮作，发挥绿肥肥田作用，减少化肥用量。

（2）休耕。重点在地下水漏斗区和超采区、重金属污染区和生态严重退化区实施。主推模式：河北省黑龙港地下水漏斗区，实行“一季休耕、一季雨养”，将需抽水灌溉的冬小麦休耕，只种植雨热同季的春玉米、马铃薯和耐旱、耐瘠薄的杂粮杂豆。黑龙江寒地水稻井灌区、新疆塔里木河地下水超采区，种植绿肥等养地作物。湖南省长株潭重金属污染区，建设防护隔离带，阻控污染源，采取施用石灰、翻耕、种植绿肥等农艺措施，以及生物移除、土壤重金属钝化等措施，修复治理污染耕地。西南石漠化区、西北生态严重退化区，调整种植结构，改种防风固沙、涵养水分、保护耕作层的植物。

7. 怎样减少水土流失？

水土流失是指在水力、重力、风力等外力作用下，耕地表层侵蚀和水土损失。水土流失导致肥沃的土层越来越薄，土壤质地变粗，耕地肥力和抗旱能力下降，耕地的生产力和稳定性都大大下降，而且影响区域生态环境，破坏了耕地资源持续利用。减少水土流失一方面要加强田间工程建设。在南方雨水较多的坡耕地，开展坡改梯工程，同时建立排导沟、拦泥坝等，减少雨水的冲刷；在西北黄土高原区，要开展护塬建设，减少季节性雨水冲刷。另一方面要加强生物农艺措施。在西北、东北风沙较大的地区，种植人工林，防止风沙侵蚀；在南方山地丘陵地区，种植护坡篱，减少雨水冲刷。同时，农艺措施对减少水土流失也有明显效果，如秸秆还田、种植牧草和绿肥等，减少地表裸露，减少水土流失。

8. 你知道节水灌溉的好处吗?

节水灌溉是最大程度提高单位灌溉水量的农作物产量和产值的灌溉措施，包括喷灌、滴灌等多种方式。

喷灌是利用管道将有压水送到灌溉地段，通过喷头分散成细小水滴，均匀地喷洒到田间，灌溉作物。喷灌节水效果显著，水利用率达 90%；与地面灌溉相比，作物增产 20%～40%，而且避免过量灌溉造成土壤次生盐碱化。微喷是新发展起来的一种喷灌形式，特别适合温室大棚内使用，比一般喷灌更省水，更均匀，且可以和施肥结合，实现水肥一体化。

滴灌是利用管道将水通过毛管上孔口或滴头

送到作物根部。它是目前干旱缺水地区最有效的节水灌溉方式，水利用率达95%。广泛适用于果树、蔬菜、经济作物以及温室大棚，也可用于大田作物。其不足之处是滴头易堵塞，对水源要求严格。地下滴灌，是把滴灌管埋入作物根系活动层内，灌溉水通过微孔渗入土壤供作物吸收，俗称"渗灌"，具有蒸发损失少、省水、省电、省肥、省工和增产效益显著等优点。

9. 如何做到化肥减量施用?

（1）精，即推进精准施肥。根据不同区域土壤条件、作物产量潜力和养分综合管理要求，合理制定作物单位面积施肥限量标准，减少盲目施肥行为。

（2）调，即调整化肥使用结构。优化氮、磷、钾配比，配合中微量元素。引导肥料产品优化升级，大力推广高效新型肥料。

（3）改，即改进施肥方式。大力推广测土配方施肥技术，提高农民科学施肥意识和技能。应用施肥设备，改表施、撒施为机械深施、水肥一体化、叶面喷施等方式。

（4）替，即有机肥替代化肥。通过合理利用有机养分资源，用有机肥替代部分化肥，实现有机无机相结合。提升耕地基础地力，用耕地内在养分替代外来化肥养分投入。

10. 有机肥替代化肥有哪些好处?

（1）节约生产成本。我国菜地、果园和茶园化肥施用量总体偏多，远高于美国、欧盟等发达国家和地区。果树亩均化肥用量是欧盟的 7 倍，蔬菜亩均化肥用量比美国高 29.7 千克。开发利用有机肥资源，实施有机肥替代化肥，可节约化肥 20%～30%，亩均节省开支 300 元左右，利于节本增效。

（2）促进产品品质提升。施用有机肥的果园，果实外观和内在品质明显提高，可溶性固形物、维生素 C 含量、糖酸比均有所提高，果色鲜艳、适口性好、商品价值也高。合理开发利用有机肥，利于产品品质提升。

（3）促进生态环境改善。南方地表水富营养化，北方地下水硝酸盐污染，主要原因是化肥过量施用导致的氮磷元素流失和畜禽废弃物产生的面源污染，富集到水体中。合理开发利用有机肥资源，可减少土壤和水体污染，利于保护生态环境。

11. 怎样才是测土配方施肥?

测土配方施肥技术是以土壤测试和肥料田间试验为基础，根据作物需肥规律、土壤供肥性能和肥料效应，在合理施用有机肥料的基础上，提出氮、磷、钾及中、微量元素等肥料的施用品种、数量、施肥时期和施用方法。主要包括五个核心环节：

（1）测土。通过开展土壤氮、磷、钾及中、微量元素养分测试，了解土壤供肥能力状况。要了解自家田块土壤养分状况，可以到当地农业农村主管部门查询，也可以自己采集土壤样品送到专业检测机构化验。

（2）配方。通过田间试验，结合土壤、耕作制度和专家经验等，提出不同作物优化施肥量，基、追肥分配比例，施肥时期和施肥方法。要了解自家田块施肥方案，可通过县域施肥专家咨询系统或测土配方施肥手机软件查询获取。

（3）配肥。根据专业配方，配制肥料，形成产品。目前配肥可以采取两种方式：其一是由专业工厂加工，生产配方肥，农民购买直接施用；其二是农民按照配方，购买单质肥料，自己混配施用。

（4）供肥。将配方肥供应到户的过程。生产配方肥后，企业还要为农民使用配方肥提供便利条件，将配方肥供应到户、供应到田，并指导农民合理使用配方肥，提供技术咨询服务。

（5）施肥指导。施肥指导主要有两类主体：一类是农业技术推广、科研教学单位的专业技术人员，通过开展培训、建立农民田间学校、建立示范田等方式指导农民；另一类是企业技术服务人员，在销售产品过程中，指导农民合理使用。

12. 秸秆资源如何利用？

（1）作为肥料利用。秸秆富含多种养分和有机质，还到田间可以补充耕地养分，减少肥料用量。秸秆还田方式很多，可以在作物收获时，直接将秸秆粉碎均匀铺撒在地表，或粉碎后结合深翻深松翻压田块；可以将秸秆集中，与畜禽粪便混合堆沤，腐熟后直接还田；也可以通过牲畜过腹转化成粪便再还田。

（2）作为饲料利用。秸秆富含纤维素、半纤维素等物质，是牛羊粗饲料的主要来源。在适宜时期将秸秆收集，通过青贮、氨化、微贮，制成颗粒饲料，满足畜禽养殖的需求。

（3）作为能源利用。在有条件的农村地区，可以将秸秆资源集中收集，采用秸秆生物气化、热解气化、固化成型、炭化、直燃发电等技术，推进生物质能利用，改善农村能源结构。

（4）作为基料利用。我国食用菌产业需要大量优质的基质，要大力发展以秸秆为基料的食用菌生产，为发展食用菌的龙头企业、专业合作组织等提供基料。同时，秸秆还可以利用生化处理技术，生产成育苗基质、栽培基质，满足集约化育苗、无土栽培和土壤改良的需要。

（5）作为原料利用。秸秆可以作为原料，生产非木浆纸、木糖醇、包装材料、降解膜、餐具、人造板材、复合材料等产品，也可以作为编织加工业的原料，提高秸秆高值化、产业化利用水平。

13. 如何处理规模养殖畜禽粪便问题?

（1）源头控制。推广使用微生物制剂、酶制剂等饲料添加剂和低氮低磷低矿物质饲料配方，提高饲料转化效率，降低养殖业排放。生猪、奶牛规模养殖场改水冲粪为干清粪，实行雨污分离、回收污水循环清粪等有效措施，从源头上控制养殖污水产生量。

（2）过程控制。规模养殖场根据土地承载能力确定适宜养殖规模，建设必要的粪污处理设施，使用堆肥发酵菌剂、粪水处理菌剂和臭气控制菌剂等，加速粪污无害化处理，减少氮磷和臭气排放。

（3）末端利用。牛、羊和家禽等以固体粪便为主的规模化养殖场，进行固体粪便堆肥或建立集中处理中心生产商品有机肥；生猪和奶牛等规模化养殖场，鼓励采用粪污全量收集还田利用和“固体粪便堆肥+污水肥料化利用”等技术模式，促进畜禽粪污就近还田利用。

14. 水肥一体化有什么好处?

水肥一体化是通过可控管道系统和设备，将

水、肥有机融合，根据作物需水、需肥规律，均匀、定时、定量供应作物根系生长区域，满足作物需求。该技术具有省肥节水、省工省力、省时省电、增产高效等特点。相比传统大水漫灌和传统施肥，水肥一体化可以减少肥料淋失和土壤固定，提供全面高效的水肥供应，尤其能满足作物中后期对水肥的旺盛需求，非常有利于提高作物产量。水肥一体化可以将水肥全部集中在根区，水、肥利用率高，避免深层渗漏，减轻对环境负面影响。试验结果表明，水肥一体化技术可以节水30%，水、肥利用率达到80%，人工成本降低70%。

15. 如何识别真假肥料？

（1）“看”。看肥料包装：国家有关部门规定，化肥包装袋上应注明产品名称、养分及其含量、等级、商标、净重、生产标准代号、厂名、厂址、生产许可证号码、肥料登记号标志等。看肥料颜色：各种肥料都有其特殊的颜色，如氮肥多为白色，磷肥多为灰色。

（2）“摸”。将肥料放在手心，用力握住或按压转动，根据手感来判断。市场上假冒普钙的主要有磷石膏、钙镁磷肥等，可通过手感进行判断，如普钙质地重，手感发绵但不轻浮；磷石膏质地轻，手感干燥。

（3）“嗅”。通过肥料的特殊气味来判断，如碳酸氢铵有强烈氨臭味，硫酸铵略有酸味。

（4）“烧”。将肥料样品燃烧，从火焰颜色、烟味、残留物情况识别肥料。如氮肥燃烧，发生大量白烟，有强烈氨味；过磷酸钙、钙镁磷肥燃烧无变化；钾肥燃烧会发出“噼叭”声。

（5）“溶”。将肥料撒于湿地面或用少量水湿润，过一段时间后，可根据肥料的溶解情况进行判断。真肥料可以完全溶解、部分溶解或有少许残留物，而假肥料溶解性很差或根本不溶解（除磷肥）。

要准确判断肥料的真假，还需要送到专业部门分析化验评判。

16. 如何做到农药减量施用？

（1）抓好绿色防控。应用农业防治、物理防治、生物防治等绿色防控技术，创建有利于作物、天敌生长而不利于病虫害发生的环境条件，实现不发生或少发生病虫灾害，从而达到少用药的目的。

（2）推行替代行动。低毒低残留农药替代高毒高残留农药、高效大中型药械替代低效小型药械。大力推广应用生物农药，替代高毒高残留农药。开发应用现代植保机械，提升雾化和沉降度，防止跑冒滴漏，提高农药利用率。

（3）推行精准施药。重点是精准对靶施药、对症适时适量施药。在准确诊断病虫害的基础上，对症用药，避免乱用药。根据病虫监测预报，坚持达标防治，在最佳防治期用药。严格按照农药使用说明要求的剂量和次数施药，避免盲目加大施用剂量、增加施用次数。

（4）推行病虫统防统治。扶持专业化防治组织、新型农业生产经营主体，大规模开展专业化统防统治，提高防治效率、效果和效益，解决一家一户“打药难”“乱打药”等问题。

17. 如何科学安全用药?

农药在施用过程中要科学安全使用，保障施药者人身安全、农产品质量安全以及生态环境安全，应遵循以下几项原则：

（1）遵守农药安全使用规则。严格禁止剧毒、高毒、高残留或具有三致性（致癌、致畸、致突变）的农药在食用农产品上使用。根据作物种类不同、安全程度要求不同，进一步限制某些农药的使用范围。

（2）遵循农药安全间隔期。安全间隔期是指最后一次施药至收获、使用作物前的时间，也就是自喷药后到残留量降至最大允许残留量时所需的时间。

（3）做好安全防护措施。施用农药的人员必须做好安全防护措施，防止施药人员中毒。废弃和过期的农药和施药器械的清洗液、空容器等，应集中安全处理。

（4）严格避免过量用药。严格按照防治指标用药，不乱使用农药。根据农药的作用机理，选择适宜的防治时期施用。

18. 如何选择施药机械？

根据作业区地形特点、作物种类、病虫害发生情况，选用不同种类的施药机械，施药机械也可通过选用不同的喷头或喷雾系统用于不同容量的喷雾。

背负式手动喷雾器是我国应用时间最长、最广的一类喷雾机械，具有适用范围广、附着力强、持效期长、效果好等优点，可用于杀虫剂、杀菌剂和除草剂等喷洒作业，但是存在雾滴大、易被叶片截留、沉积量大、穿透性低、农药利用率低等缺点。

背负式机动（电动）喷雾器与背负式手动喷雾器工作原理相似，将手动改为电动或油动，降低作业强度、提高工作效率，改善了雾化效果，进而提高了施药效果。

担架式机动喷雾机的特点是喷射压力高、射程远、喷量大，可以在稻田里吸水、自动混药。

喷杆式喷雾机作业效率高、喷洒质量好、喷液分布均匀，适合大面积喷洒各种农药、肥料和植物生产调节剂等的液态制剂。

农用航空喷雾是利用航空器及其机载设备将

药剂施于靶标区的作业技术，能够快速进行大面积覆盖作业，是近几年发展比较快的植保机械。

19. 专业化统防统治有哪些好处？

（1）解决农民防病治虫难题。发展专业化统防统治，有效缓解了农民的防病治虫难题，让大量农民从烦琐、费力的病虫害防治工作中解脱出来，安心从事加工业、养殖业或外出务工。

（2）提高了病虫防治效果。实施专业化统防统治，作业人员素质较高，防治操作规范，表现出作业效率高、防治效果好以及节本增效的优势。专业化统防统治区比农民自防区防治效果普遍提高5～10个百分点，减少用药1～2次。

（3）降低了农药使用风险。专业化统防统治组织实行农药“统购、统供、统配、统施”，有利于净化农药市场、减少农药污染、避免生产性中毒事故发生。

（4）培育了农村新型服务业。专业化防治组织的发展，一方面培育了农村植保服务业，增加了农村人员就业机会；另一方面，还有助于新技术的推广应用，通过实施统防统治，提高绿色防控新技术覆盖率。

20. 绿色防控技术要点是什么？

（1）生态调控技术。应用抗病虫品种、优化作物布局、培育健康种苗、改善水肥管理等健康栽培措施，并结合农田生态工程、果园生草覆盖、作物间套种、天敌诱集带等生物多样性调控与自然天敌保护利用等技术，人为增强自然控害能力和作物抗病虫能力。

（2）生物防治技术。推广应用以螨治虫、以菌治虫等生物防治关键措施，加大赤眼蜂、捕食螨、绿僵菌、白僵菌、牧鸡、牧鸭、稻鸭共育等成熟产品和技术的示范推广力度，积极开发应用植物源农药、农用抗生素、植物诱抗剂等生化制剂应用技术。

（3）理化诱控技术。推广昆虫信息素（性引诱剂、性引诱素等）、杀虫灯、诱虫板（黄板、蓝板）防治蔬菜、果树和茶树等农作物害虫，积极开发和推广应用植物诱控、食饵诱杀、防虫网阻隔和银灰膜驱避害虫等理化诱控技术。

（4）科学用药技术。推广高效、低毒、低残留农药，优化集成农药的轮换使用、交替使用、精准使用和安全使用等配套技术，加强农药抗药性监测与治理，普及规范使用农药的知识，严格遵守农药安全使用间隔期。

21. 如何开展生物防治？

（1）利用微生物防治。应用真菌、细菌、病毒和能分泌抗生物质的抗生菌开展生物防治，如应用白僵菌防治马尾松毛虫，苏云金杆菌各种变种制剂防治多种林业害虫，病毒粗提液防治蜀柏毒蛾、松毛虫、泡桐大袋蛾等。

（2）利用寄生性天敌防治。主要有寄生蜂和寄生蝇，如赤眼蜂、寄生蝇防治松毛虫等多种害虫，肿腿蜂防治天牛等。

（3）利用捕食性天敌防治。这类天敌很多，主要为食虫、食鼠的脊椎动物和捕食性节肢动物两大类。鸟类如山雀、灰喜鹊、啄木鸟等捕食害虫的不同虫态。鼠类天敌如黄鼬、猫头鹰、蛇等，节肢动物中捕食性天敌除瓢虫、螳螂、蚂蚁等昆虫外，还有蜘蛛和螨类。

生物防治具有资源丰富，生产成本低，应用范围广等特点，同时可保护和改善农田生态环境，对人、畜安全，有利于延缓害虫抗药性的发生和发展。

22. 如何防治田间杂草?

（1）人工防治。尽量不要让杂草种子进入田间，清除地边、路旁的杂草，严格杂草检疫制度，特别注意国内没有或尚未广为传播的杂草必须严格控制，以减少田间杂草来源。

（2）机械防治。利用农机具耕翻、中耕松土等措施进行播种前、出苗前等不同时期除草，直接杀死或铲除杂草。

（3）生态防治。利用农业生态系统中的昆虫、病原微生物，阻止杂草结实，减少土壤中杂草种子库数量以及杂草萌发数，将杂草控制在为害水平以下。在有条件地区，积极发展稻鸭共作，控制杂草发生危害。

（4）规范使用除草剂。根据作物类型、杂草分布及除草剂的杀草谱，选择高效环保型药剂，按照“一封、二杀、三补”的技术体系适时适量施药。加强安全、高效、新型除草剂品种筛选与示范推广，研发除草剂减量使用技术，减少药害事故发生，延缓杂草抗药性发展速度。

23. 什么是农业植保无人机？它有什么特点？

农业植保无人机（图 4－1）是指用于农林植物保护作业的无人驾驶飞机，由飞行平台与喷洒系统组成，通过地面人员遥控或飞控自主作业来实现植保作业，可以完成农药喷雾作业、叶面肥喷雾作业、促进授粉作业等。

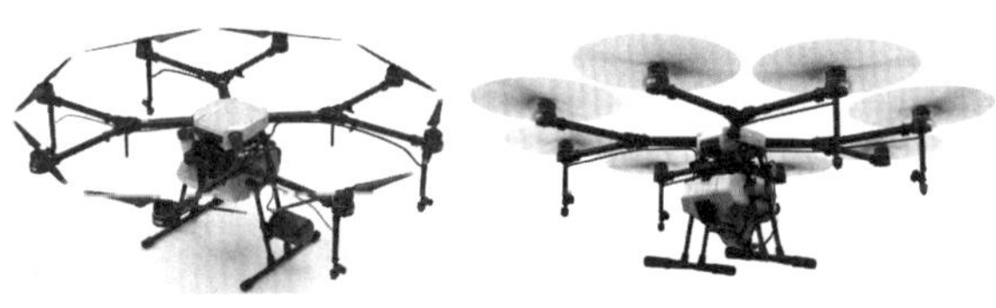

图 4－1 农业植保无人机

利用无人机进行植保作业具有以下特点：

（1）培训周期短。多旋翼无人机操纵简单、起降方便、不需要专门的起降场地，使其能够迅速扩大应用领域。智能多旋翼植保无人机具备自动作业的能力，这使得多旋翼无人机操作员培训具有培训周期短、培训成本低、对人员素质要求不高等特点。

（2）作业效率高。植保无人机作业效率是人工作业速度的50倍以上，并且由于引入了航线规划系统，可以避免重喷漏喷带来的作业效果下降。如果几千亩面积的耕地快速发生大面积虫害，使用人力喷洒根本无法快速全部覆盖，使用植保无人机可以快速解决大面积农作物病虫草害。

（3）作业效果好。植保无人机在作业时具有强烈的下行气流，可将药雾快速直达作物；并且下行气流可对作物进行摇动，促进药雾更好地到达作物叶子的背面以及根茎部。

（4）操作安全。我国每年因为人工喷药而导致农药中毒的人数是10万人左右，其中有一定比例的人员死亡。传统的人力农药喷洒作业者处于药雾的环境当中，一旦保护不当或者喷雾器出现“跑冒漏滴”的情况，作业者极易农药中毒。而使用植保无人机进行作业，人员远离了作业区域，保证了人员安全。

（5）节能环保。飞防植保属于高浓度低容量作业，其作业方式使其具有节水、省药的特点，有效减少了农药残留及土壤农药污染问题。并且，规模化的喷洒方式有利于对农作物生产质量进行控制。

农业植保无人机品牌和种类丰富，农民朋友可以到当地农资市场寻找代理商购买。

24. 选用良种应注意什么？

衡量种子优劣的指标主要包括品种纯度、种子净度、发芽率和水分四项，不同的种子指标规定不同。选购种子时，应该注意三个方面：一是没有经过审核的品种不能购买；二是购买种子一定要多选几个品种，避免因气候变化，造成大面积减产；三是谨防购买已被淘汰的种子。

农民朋友在选种子时还要避免误区：一是随大流，不少农民在选购种子时，喜欢随大流，不考虑自己的土壤、水肥和管理等因素，结果造成减产；二是认为产量高就是好品种，任何产量高的品种，都有条件要求，且技术要配套；三是认为高价位品种就是好品种；四是购买单一品种，一旦遇到不良气候或发生病虫害，就会大幅减产，甚至绝收；五是盲目追新，不少农民认为只要是新品种就一定比老品种好，大量种植前一定要先试种。

25. 遇到种子质量纠纷怎么办？

（1）保留证据。农民在购买种子时，要向经营者索要发票，保留好购种凭据、种子包装，一旦出现种子质量纠纷，这些都将是有力的证据；同时，一定要请专业技术人员到田间开展鉴定，为日后处理种子质量纠纷留存证据。

（2）及时举报。当发现种子质量问题时，要及时与经营者协调，了解有关情况，并向当地农业执法部门举报，由行业管理部门开展检验鉴定，评价种子质量状况。

（3）妥善解决。与经营商充分协调，按照协商结果妥善解决执行。如果出现经营者不执行情况，可向人民法院起诉，维护自己的合法权益。

26. 什么是物联网？

物联网是实现万物互联的一种智能化网络，是新一代信息技术的高度集成和综合运用，是以“物物互联”的理念对互联网的一种扩展，其基本内涵是把所有相关物品通过无线射频识别等信息传感设备与互联网（Internet）连接起来，实现智能化识别和管理。

物联网通常可划分为感知层、传输层、应用层。感知层由大量传感器组成，是人类获得物理世界的感受器；传输层是数据信息从感知层传递到应用层的介质；应用层主要指基于获取的各种数据信息进行智能化处理、分析、决策等，在各个行业进行应用的过程。

物联网被认为是继计算机、互联网之后世界信息产业的第三次革命浪潮。我国已将物联网作为战略性新兴产业的一项重要组成内容。2013年，《国务院关于推进物联网有序健康发展的指导意见》明确指出：推进物联网的应用和发展，有利于促进生产生活和社会管理方式向智能化、精细化、网络化方向转变，对于提高国民经济和社会生活信息化水平，提升社会管理和公共服务水平，带动相关学科发展和技术创新能力增强，推动产业结构调整和发展方式转变具有重要意义。为深入贯彻落实党的十八大精神及《国务院关于推进物联网有序健康发展的指导意见》，《农业物联网区域试验工程工作方案》，选择在天津、上海、安徽率先开展试点试验工作，探索农业物联网应用主攻方向、重点领域、发展模式及推进路径。

物联网在现代农业领域中具有非常广阔的应用场景，比如收集温度、湿度、风力、大气、降水量以及有关土地的湿度、氮浓缩量和土壤 pH 等数据，监视农作物土壤墒情、空气温湿度、畜禽环境状况等，从而实现对农业生产的科学预测和决策，科学种植、养殖，提高农业综合效益。

27. 物联网在农业领域的应用有哪些?

物联网在农业领域的核心是实现农业生产主体（人）、农业生产对象（农作物、畜禽、水产等）、农业生产工具（土地平整、植保、收获、农产品加工等设备）和农业生产资料（土壤、水、空气、农药、化肥等）的智能化识别、定位、跟踪、监控和管理（图4-2）。

在农业生产环节，利用物联网技术可对农业生产环境、作物生长状况、动物生理特征等进行实时监测，并通过远程控制进行农业生产过程的动态跟踪和调优。在大田种植上，遥感监测、病虫害远程诊断、水稻智能催芽、农机精准作业等开始大面积应用；在设施农业上，温室环境自动监测与控制、水肥药智能管理等加快推广应用；在畜禽养殖上，精准饲喂、发情监测、自动挤奶等在规模养殖场实现广泛应用；在水产养殖上，水体监控、饵料自动投喂等快速集成应用。

在农产品加工环节，在品质分级阶段，基于计算机视觉和图像识别技术实现农产品的品质自动识别和分级，如鸡蛋表面裂纹检测、水果内部缺陷和损伤检测等；在加工阶段，实现加工环境、加工设备运转状态等信息监测和调控，实现降低成本、提高生产效率和产品品质的目标。

在农产品仓储环节，运用物联网技术监控仓

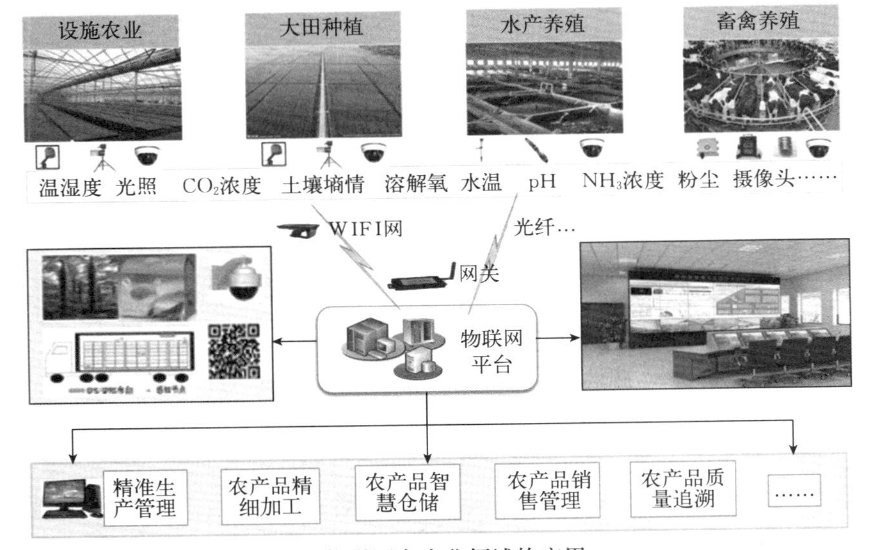

图4-2 物联网在农业领域的应用

储环境（温度、湿度、氧气、二氧化碳等）、农产品品质等信息，对农产品的摆放、出入库流程、货物移动、售后等进行智能化管理，加强对仓储过程的全面控制。

在农产品物流环节，运用物联网技术监控物流配送车的箱体环境（温度、湿度等）、配送轨迹等信息，利用物联网系统智能调控箱体环境、合理安排运输路线和运输数量，实现产品品质的保证和运输成本的降低。

在农产品销售环节，运用物联网技术监控产品存量、销售量、客户反馈等信息，优化农产品进销存管理，及时提醒相关人员进行货物补充与调整。

通过物联网技术实现对农产品从田头到餐桌、从生产到销售全过程供应链信息的跟踪监管，大大提高了农产品质量安全。国内外市场上的农业物联网设备和软件平台种类繁多、功能多样，提供商大致可分为科研院所、设备生产商、平台开发商、互联网巨头、初创公司等几类，具备同一功能的产品可能有多个品牌和多个型号，这些产品功能类似，农民朋友尽量选择稳定、可靠、适用的产品进行购买。

28. 为什么说手机是农民的“新农具”?

自 2016 年起，农业农村部组织各级农业农村部门，采取线上线下相结合的形式，在全国范围大规模开展农民手机应用技能培训，提升农民利用手机发展生产、便利生活、增收致富的能力。2018 年 6 月 27 日召开的国务院常务会议进一步强调，让手机成为广大农民的“新农具”，使互联网成为助力农村产业融合发展的重要设施。那么，为什么说手机是农民的“新农具”？通过这个“新农具”，农民朋友们又能获得哪些便利呢？

手机作为“新农具”，其内涵就在于通过打造涉农综合性服务平台，使手机成为农民在生产、销售全过程中与互联网连接的重要载体，成为与传统农具互为补充的新型农业生产经营手段，成为一二三产业有机融合的润滑剂和加速器。

从生产方面讲，无人机、物联网、传感器、人工智能、自动化机械等技术都已经成熟，只要在地里架设好相关的设备，连上网，就可以把田间地头的管理和操作全都汇集到手机上；更可以通过手机了解外面的世界、市场的需求和新的技术，甚至可以远程诊断动植物病害。

从销售方面讲，农产品其实并不存在真正“滞销”的情况，更多是生产区和需求区之间的流通不畅，造成了不同区域优质农产品供需不平衡。通过手机和农产品电商平台，可以加大农产品销售的地域范围，实现不同地区间农产品的合理流通，使其精准地投放到有需求的市场中去，从而实现农产品“卖得出、卖得好，卖出好价钱”。

在这个数字化、网络化、智能化的时代，生产、生活方式日新月异，随着高速无线网络的演进和通信技术的发展，无线互联时代正在到来。智能手机作为“新农具”，是帮助广大农民进入无线互联时代的媒介，能够让农民充分享受到“互联网+农业”的红利。

五、经营管理基本常识

1. 土地流转的流程是什么？

（1）提出申请。首先由土地流出方向的村民小组或村民委员会提出申请并填写流转申请书，然后向土地流入方向乡（镇）土地流转服务站提出申请并填写土地流转申请表，由乡（镇）土地流转服务站办理并向县土地流转服务中心备案。

（2）审核。按照“属地核实”的原则，经村民委员会和村民小组同意并办理相关手续后由乡（镇）土地流转服务站对流入方的经营能力和经营项目进行审核。

（3）评估。流转土地价格由流转双方当事人协商确定，或委托乡（镇）土地流转服务站组织有关人员评估土地流转价格，流转面积较大的，可由县土地流转服务中心组织专家进行评估。

（4）信息发布。乡（镇）土地流转服务站根据流转价格评估结果及土地流转双方提供的信息，在交易服务场所进行信息发布。

（5）签订合同。土地流转双方协商一致，达成流转意向后，按程序签订统一文本格式的土地流转合同。

（6）登记。土地流转合同文本一式五份，经乡（镇）鉴证。流转面积较大的应在双方自愿的基础上进行公证。

2. 怎样签署合法有效的农村土地流转合同?

（1）依法协商确定土地流转。土地流转方式、内容、权利义务、流转期限等由流转双方在法律规定的范围内协商确定。

（2）农村土地流转合同包含的条款。双方当事人的姓名、住所；土地的四至、坐落、面积、质量等级；流转期限和起止日期；流转方式；流转土地的用途；双方当事人的权利和义务；流转价款及支付方式；流转合同到期后地上附着物及相关设施的处理；违约责任。

（3）完整填写土地流转合同内容。在流转合同中要填写出让方、受让方的姓名、详细住址和联系电话，受让方如果是单位，要注明单位法人姓名，当事人是农户的，一般情况下户主的姓名可代表全家；同时，还要填写流转土地的名称、等级、四至、坐落和面积。

（4）注意日期。签订土地流转合同要写清土地承包经营权流转的期限和签订日期。

（5）写明流转费及支付方式。流转双方协商流转价格、年总流转费、支付时间和支付方式。

（6）写明纠纷处理办法。规定双方能够达成协议变更、合同解除的基本条件以及对于合同生效期内出现纠纷的处理方法。

（7）土地评估与备案。建议在服务中心工作人员的指导下签订规范的土地流转合同，做好流转价格评估、业主资质审查、土地集中连片协调、合同登记备案以及合同执行情况督查等相关工作。

3. 如何处理农村土地流转及承包经营纠纷？

（1）协商。发生土地流转纠纷的当事人双方应当首先在自愿互谅的基础上，依照有关法律规定，通过协商，自行解决双方之间的纠纷。

（2）调解。双方当事人不愿意协商解决，或者通过协商未能解决纠纷的，当事人可以申请村民委员会、乡（镇）政府等调解解决纠纷。经过调解达成协议的，应当及时请双方当事人签订书面协议，并帮助和督促当事人自觉履行协议，彻底解决纠纷。

（3）仲裁。发生土地流转纠纷的当事人不愿意协商、协商未能达成一致，通过调解未能解决纠纷的，可以向农村土地承包仲裁机构申请仲裁。

（4）诉讼。在土地流转纠纷中，当事人对裁决不服的，可以在收到裁决书之日起 30 日内，以对方当事人为被告，向人民法院提起民事诉讼，通过诉讼方式保护自己的权益。

解决土地承包经营纠纷的四种方式（图 5－1），

当事人可以不经协商、调解，直接申请仲裁。同时，协商、调解、仲裁也不是向人民法院起诉的前置程序。出现土地承包纠纷以后，当事人可以不经协商、调解、仲裁的程序，直接向人民法院提起民事诉讼。诉讼解决方式是最终的解决办法。

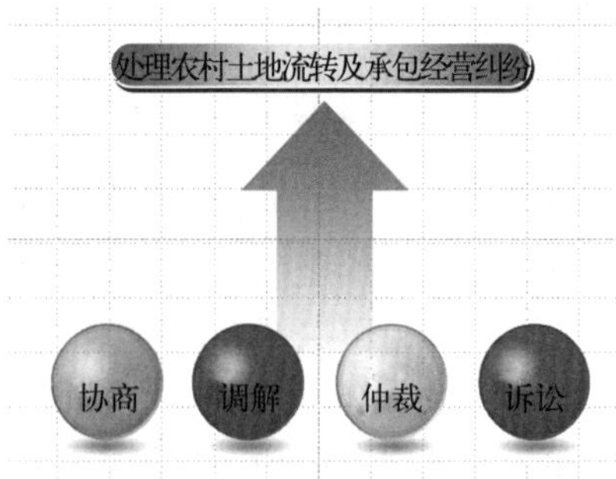

图 5-1　农村土地流转纠纷处理方式

4. 农业生产经营的融资渠道有哪些?

融资渠道见图 5-2。

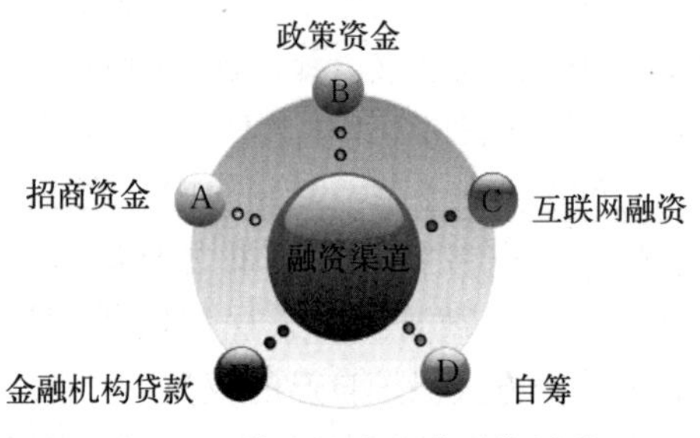

图 5-2　农业生产经营融资渠道

（1）政策资金。国家、省、市的专项建设资金，以及国家、省国债项目资金、扶贫基金，农业生产经营者可以根据具体要求进行申请。

（2）招商资金。包括招募入股融资、定向募股融资、整体项目融资。

（3）金融机构贷款。向商业银行申请质押贷款、向政策性银行申请贴息贷款、通过担保公司进行融资担保、申请世界银行贷款、申请国家援助性贷款。

（4）自筹（民间资本参与）。自筹资金包括的范围非常广泛，主要有业主自有资金、风险投资资金、企业经营性融资资金、企业间的信用贷款、企业间的互助机构的贷款，以及一些社会性基金的贷款等。

（5）互联网融资。P2P网络贷款、众筹融资、电商小贷融资。例如，阿里巴巴和京东等电子商务平台，可以依靠其平日积累的用户相关资料和信息，对借款人进行信用评级，从而为其提供贷款。

5. 农资采购的渠道有哪些？

（1）传统的采购渠道主要有农资零售店购买、农资批发市场批发、农资企业送货上门、合作社指派专人到农资生产企业采购。

（2）新的农资采购渠道是网上采购。现在农民上网越来越方便，“网上备耕”自然成为农民备耕的新方式。不少农民坐在家中通过互联网获取各种农作物、农资市场的行情价格及各种种养信息。村民们聚在一起交流，选择合适的农作物和农资采购渠道。许多农资的交易量也验证着网络正在“上山下乡”的神奇。一些网店上清晰显示一些有保障的农资品牌购买渠道、联系电话和价格。这些农资都是直销优惠价，村民看好后，通过驻村的银行自助网店转账付费，农资就能送货上门，甚至直接运到田间地头。

6. 怎么做好农产品生产经营与质量安全?

农产品生产经营与质量安全措施见图 5－3。

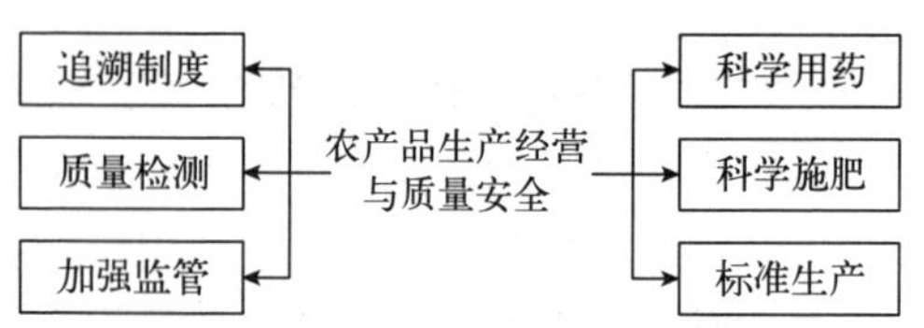

图 5－3　农产品生产经营与质量安全措施

（1）实行质量追溯制度。对生产农产品的农户，实行严格的户籍编码制度，根据编码溯源找到生产者，有利于责任追究。

（2）加强检测机构建设。加大检测频率，及时上报检测数据，为政府科学决策提供翔实的基础依据。

（3）加强监管队伍建设。检测部门要不定期对各生产基地的产品进行监测，及时上报农产品质量监管部门；监管人员要经常深入生产者中间，通过了解询问查阅有关生产记录或档案，发现违规生产给予及时纠正、处置和相应的行政处罚。

（4）推广科学使用农药。农作物病虫的防治，要坚持“预防为主，综合防治”的方针，在搞好农业、生物、物理防治的基础上，实施农药科学防治。

（5）推广科学施肥技术。全面推广测土配方施肥，积极改进施肥方式方法，大力开发有机肥配合施用。

（6）推行农业生产标准化。制定推广一批简明易懂的生产技术操作规程，继续推进农业标准化示范区、园艺作物标准园、畜禽标准化示范场和水产健康养殖示范场建设，扶持新型农业经营主体率先开展标准化生产，实现生产设施、过程和产品标准化。

7. 农产品成本由哪几部分构成？

农产品成本是生产一定种类、一定数量的农产品所消耗的生产资料和劳动报酬费用之和，一般由以下支出项目构成（图 5－4）：

（1）固定资产折旧费，如农机具、役畜、生产建筑物的折旧费等。

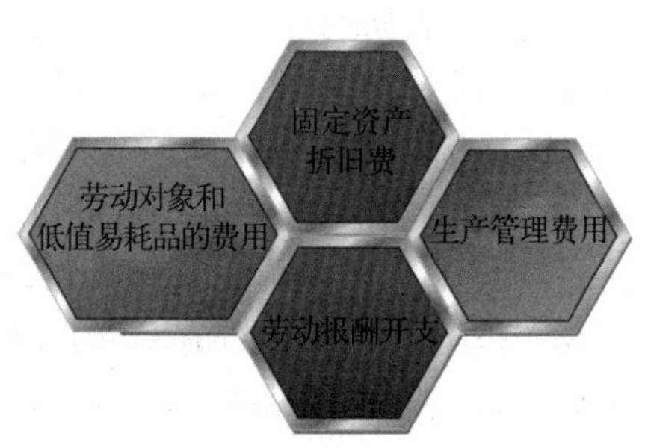

图 5-4　农产品生产成本构成

(2) 劳动对象和低值易耗品的费用，如种子、肥料、饲料、农药、燃料、电力、机耕的费用等。

(3) 劳动报酬开支。

(4) 生产管理费用。

8. 怎样做好流动资金管理?

流动资金管理措施见图 5-5。

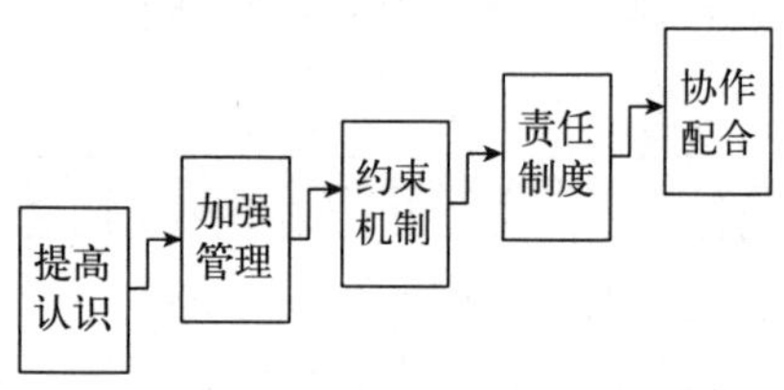

图 5-5　流动资金管理

（1）进一步提高认识。企业的经营管理者必须强化资金效益观念，充分认识到管好用活流动资金，最大限度地增加资金周转次数，是取得较好经济效益的有效途径。

（2）加强计划管理。企业应按照维持正常生产的最低需要核定各部门流动资金定额，确定符合实际的流动资金占用额和周转率指标，并通过经济、行政等各种有效措施，确保流动资金周转率的完成。

（3）完善约束机制。要通过健全和完善企业内部控制制度，切实做到把市场需求和企业生产经营计划有机地结合起来，合理采购供应物资，确保产品生产和销售各环节的正常运转积压。

（4）实行经济责任制。将流动资金管理的责任目标和定额、周转率等指标，逐级分解落实到各业务部门，使其明确各自在流动资金管理方面的职责、职权范围，并制定出切合实际的考核和奖励办法。

（5）搞好协作配合。企业财会物资部门要与各业务部门通力合作，共同管好用活流动资金。

9. 怎样做好固定资产管理？

固定资产在生产过程中可以长期发挥作用，长期保持原有的实物形态，但其价值则随着企业生产经营活动而逐渐地转移到产品成本中去，并成为产品价值的一个组成部分。做好固定资产管理主要从以下几方面入手：

（1）加强领导，提高认识。要把固定资产管理作为一项重要的内容列入工作目标，分管领导亲自抓，管理人员仔细抓，把各项规定落到实处。

（2）实行“统一领导、归口管理、分工负责、责任到人”的管理原则，强化各部门的分级管理，明确各部门职责分工，确保严格执行资产管理程序。

（3）建立健全资产管理的账、簿、证、卡、签，完善有关管理制度，实行一物一个标签，卡、标签和实物相符。

（4）坚持日常清查，对固定资产进行全面清查核实，定期盘点对比，建立资产明细账。

（5）统筹安排，合理利用，优化资源配置，充分发挥资产效率，提高资产使用率。

（6）强化固定资产的监督与管理，防止资产流失。建立资产采购、发放监督验收制度，严格审批、经手人签字、申领人签字。

10. 如何做好人力资源管理？

（1）做好人力资源规划。确保企业各类工作岗位在适当的时机，获得适当的人员，实现人力资源与其他资源的最佳配置，有效地激励员工。

（2）根据经营需要招聘员工，合理配置使用。人员招聘是指组织为了发展的需要，根据人力资源规划和工作分析的要求，寻找、吸引那些有能力又有兴趣的人员到本组织任职，并从中选出适宜人员予以录用的过程。

（3）培训与开发。通过学习、训导的手段提高员工的工作能力、知识水平和潜能发挥，最大限度使员工的个人素质与工作需求相匹配，促进员工现在和将来工作绩效的提高。

（4）劳动关系管理。通过规范化、制度化的管理，使劳动关系双方（企业与员工）的行为得到规范，权益得到保障，维护稳定和谐的劳动关系，促使企业经营稳定运行。

（5）绩效管理。各级管理者和员工为了达到组织目标共同参与绩效计划制订、绩效辅导沟通、绩效考核评价、绩效结果应用、绩效目标提升的持续循环过程。

11. 如何找准农产品目标销售群体?

（1）有效地进行农产品的市场细分，为开拓更广阔的市场提供决策依据。有效地对农产品市场进行细分及预测，有利于发现市场营销机会，有效地制订最优营销策略，也有利于农户扬长避短，发挥优势，满足消费者多样化的需求，极大地减弱市场风险。

（2）科学预测目标市场需求。影响农产品需求的因素有很多，如人口、收入、价格、消费偏好、消费习惯等。可通过对农产品的消费群体进行划分，给出不同群体对农产品的消费规模及占比，同时深入调研各类群体购买农产品的购买力、价格敏感度、品牌偏好、购买渠道、购买频率等，科学预测对农产品的关注因素以及目标市场需求。

（3）正确选择目标市场。目标市场是经营者希望开拓和占领的一类消费者群体，这一类消费者具有大体相近的需求。选择目标市场一般包括三个步骤：估计目标市场的需求、选择目标市场及制订市场定位战略。

12. 怎样做好农产品市场调研？

（1）了解农产品市场调研。农产品市场调研是根据农产品生产经营者市场调研的目的和需要，运用一定的科学方法，有组织、有计划地搜集、整理、传递和利用市场有关信息的过程。

（2）明确市场调研目的。通过了解市场供求发展变化的历史和现状，为管理者和经营者制定政策、进行预测、做出经营决策、制订计划提供重要依据。

（3）调研的内容。主要包括农产品市场环境调研、消费者需求情况调研、农产品生产者供给情况调研、农产品销售渠道情况调研、农产品市场行情调研。

(4) 农产品市场调研的步骤。一般包括调研准备、编制调查计划、实地调研、整理分析资料和编写调查报告五个步骤。

(5) 常用的调研方法。主要包括访问调查法、观察法、实验法、互联网搜查法。

13. 为什么要创建农产品品牌?

(1) 对于农产品生产经营者，品牌农产品卖价高，效益好。当产品有了品牌之后，就区别于其他大多数同类产品，这时产品就不仅仅只是产品本身的价值了，品牌的价值就附加到它的产品上，自然可以比其他普通的产品卖出更高的价格。

(2) 对于消费者，品牌涵盖了质量安全保障，价值高。品牌是企业对消费者的一种承诺，是一种责任。在消费者心中，品牌农产品代表着信赖、安全和高品质。

14. 怎样设计农产品品牌?

设计农产品品牌的四个要点（图 5－6）。

(1) 明确品牌定位。品牌定位解决的是你的品牌代表了什么，在定位明确的前提下，才能开

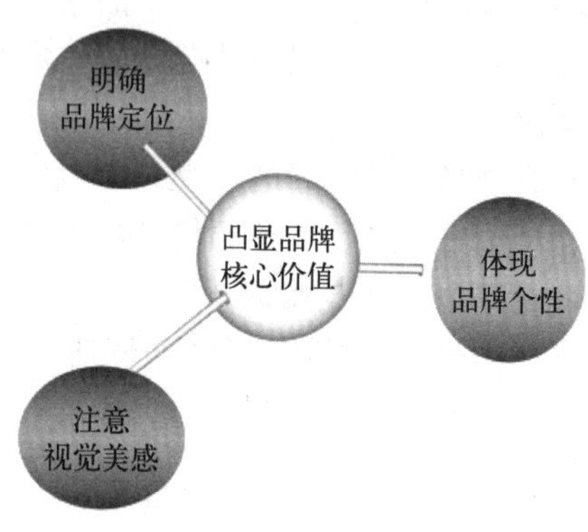

图 5-6　设计农产品品牌的四个要点

始构思设计。

（2）凸显品牌核心价值。品牌的核心价值是品牌的精髓与核心，也是品牌的内在驱动力与凝聚力。品牌核心价值所折射出的目标消费者所具有或是向往的生活方式和精神追求，也是促使消费者保持品牌忠诚的核心力量。

（3）体现品牌个性。人们很容易记住有个性的东西，一个好的设计作品必须要体现品牌个性。

（4）注意视觉美感。色彩的搭配、结构的布局、画面的协调都必须符合人们常规的审美心理。在美感的设计中，要十分注意品牌的目标消费者，不同的消费人群，其年龄、阅历、收入、生活主张等都不同，其审美观也不一样。

15. 绿色食品和有机农产品认证的程序是怎样的?

无公害农产品、绿色食品、有机农产品和地理标志农产品统称“三品一标”（图 5－7）。

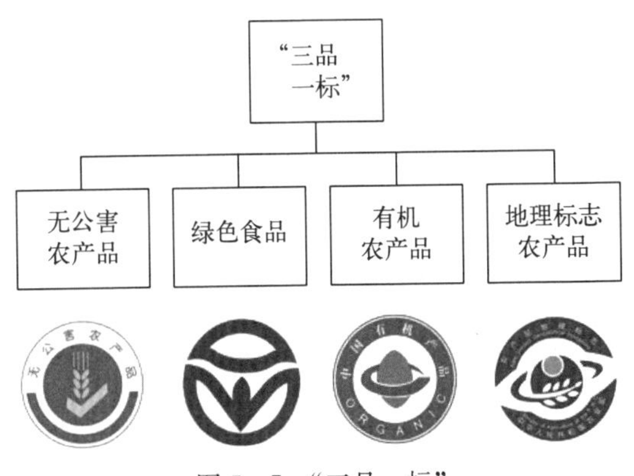

图 5－7 “三品一标”

（1）无公害农产品认证程序。根据中共中央办公厅、国务院办公厅《关于创新体制机制推进农业绿色发展的意见》要求和国务院“放管服”改革的精神，农业农村部 2018 年起改革现行无公害农产品认证制度，由省级农业农村行政部门及其所属工作机构负责无公害农产品的认定审核、专家评审、颁发证书和证后监管等工作；县级农业农村行政主管部门负责受理无公害农产品认定的申请。按照《农业农村部办公厅关于做好无公害农产品认证制度改革过渡期间有关工作的通知》要求（具体内容可登录 http://www.moa.gov.cn/nybgb/2018/201805/201806/t20180620_6152703.htm 查询），目前认证程序如下：

申请人申请→县级工作机构受理申请、材料初审→逐级上报至省级农业农村行政主管部门→省级农业农村行政主管部门对申请材料进行审查、组织现场检查、通过全国无公害农产品管理系统填报申请人及产品有关信息、书面通知申请人现场检查合格→申请人委托符合相应资质的检测机构对其申请产品和产地环境进行检测→检测机构出具产地环境监测报告和产品检验报告→省级农业农村行政主管部门收到检验报告后审核申请材料、组织专家评审、颁发证书。

（2）绿色食品认证程序。申请人申请→受理及文审→现场检查、产品抽样→环境监测→产品检测→中国绿色食品发展中心认证审核→绿色食品认证评审委员会认证评审→颁发证书。

（3）有机农产品认证程序。申请人申请→认证机构认证受理→申请材料初审→现场检查评估→编写检查报告→综合审查评估意见→颁证委员会决议→颁发证书。

16. 通过哪些途径传播农产品品牌？

农产品品牌传播途径可以分成两大类，一类是传统途径传播，一类是新媒体传播。

（1）传统途径主要包括：广告、人员推销、公关和营业推广。广告，企业以付费方式，通过媒体向消费者或用户传播品牌信息的手段。人员推销，企业派专职或兼职的推销人员直接向可能的购买者进行的品牌推销活动。公关，设法增进公众对组织的全面了解，提高组织的知名度和美誉度，从而赢得公众信任和合作的手段，可以起到塑造组织形象、强化品牌形象、宣传组织宗旨、引导公众观念等作用。营业推广，用于一定时期、一定任务的特别推销方式，是一种暂时的促销活动。因此，营业推广是对企业广告促销、人员推销的一种补充，是企业促销组合中的一种辅助性促销方式。

（2）新媒体（图 5－8）传播主要包括网站、微博、微信、搜索引擎、贴吧、社区、QQ 等。

图 5－8　新媒体标识

17. 怎样使用区域品牌和公用品牌?

农产品区域公用品牌指的是特定区域内相关机构、企业、农户等所共有的，在生产地域范围、品种品质管理、品牌使用许可、品牌行销与传播等方面具有共同诉求与行动，以联合提供区域内外消费者的评价，使区域产品与区域形象共同发展的农产品品牌。使用区域品牌和公用品牌要依法、依规、遵约使用（图 5－9）。

图 5－9　山东农产品区域品牌

以“烟台苹果”这一区域公用品牌（图 5－10）的使用为例，“烟台苹果”证明商标为国家知识产权局商标局依法核准注册的专用标志。烟台市苹果协会是“烟台苹果”证明商标注册人，依法享有商标所有权，“烟台苹果”证明商标使用管理工作由烟台市苹果协会具体负责。任何涉农组织或果农使用“烟台苹果”证明商标，必须按照有关规定，向烟台市苹果协会提出申请，经过协会实地考察、审核批准后，签订《“烟台苹果”证明商标使用许可合同》，报送国家知识产权局商标局备案后方可使用。

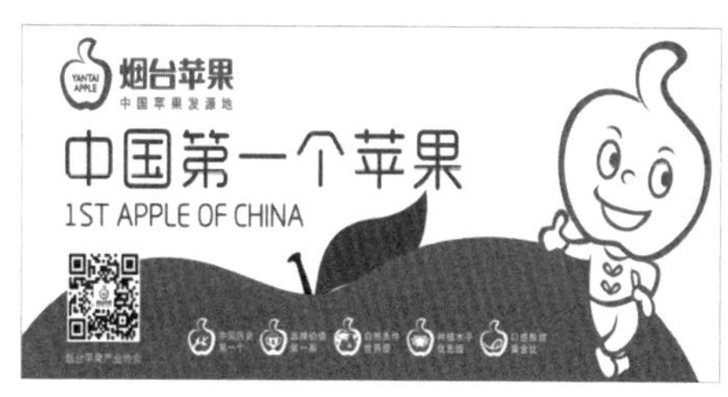

图 5－10 “烟台苹果”区域公用品牌

使用“烟台苹果”证明商标的产品的产地范围为烟台市现辖行政区域，且区域内的苹果生产、经营者，拥有直接经营或者联结专业户形成的紧密型苹果生产基地，果园环境符合无公害生产要求。储存“烟台苹果”证明商标产品的仓库、场地要保持清洁，管理规范，产品界限清晰、数量明确、档案清楚。

18. 农产品包装应遵循什么原则？

（1）科学。包装设计必须首先考虑包装的功能，达到保护产品、提供方便和扩大销售的目的。

（2）经济。包装设计必须符合现代先进的工业生产水平，做到以最少的财力、物力、人力和时间来获得最大的经济效果。

（3）可靠。对被包装物要进行科学的分析，采用合理的包装方法和材料，并进行可靠的结构设计，甚至要进行一些特殊的处理。

（4）美观。包装设计必须在功能与物质和技术条件允许的条件下，为被包装的产品创造出生动、完美、健康、和谐的造型设计与装潢设计，从而激发消费者的购买欲望。

科学、经济、可靠、美观四者密切相关，不能忽视其中任何一方。只有四者有机结合，在设计和生产过程中协调一致，才能使包装在各个方面都表现出既富有创造性的设计思想，又能更好地为生产、生活服务。

19. 农产品包装有哪些技巧？

（1）原生态设计的包装。人们越来越注重亲近大自然，尤其喜欢那种原汁原味的原生态意境，所以农产品包装不妨注重一下原生态设计（图5-11）。

（2）时尚又有趣味的包装。随着互联网的发展，以及农产品消费者的年轻化，越来越多的农产品从传统销售渠道转向电子商务平台，消费观念也随之转变，时尚且有趣味性的农产品包装很有市场。

（3）体现区域特色和文化内涵的包装。农产

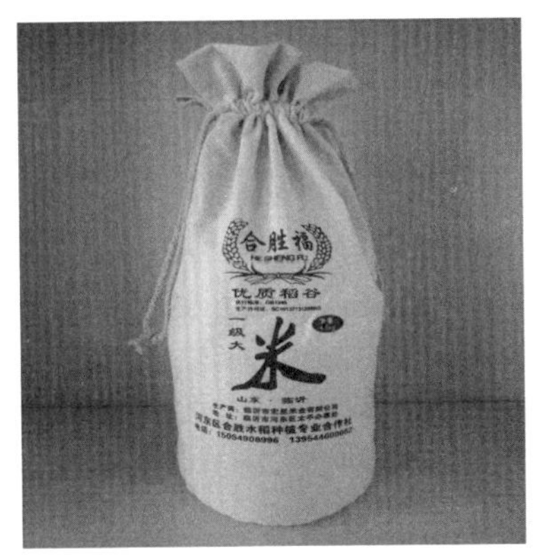

图 5-11　临沂河东区合胜农民合作社优质大米包装

品鲜明的地域特色和文化内涵可以在包装上得以体现，将区域产品包装与文化底蕴融为一体，烘托出农产品的文化气息，满足消费者的物质和精神的双重需求。

（4）透视化包装。能让消费者清晰看见产品状况的外包装与干净简洁、重点信息标注清晰、有条理的标签，可以赢得消费者的青睐与信任，透视包装是未来农产品包装的趋势。

（5）包装与移动设备相结合。产品包装在信息传达与品牌宣传上越来越依托电子产品，这不仅使农产品信息的传递变得更加便捷高效，还大大增进了品牌与消费者之间的亲密互动。

20. 农产品如何定价?

农产品价格制订得恰当，会促进农产品的销售，从而提高农产品生产经营者的收益。

（1）薄利多销。主要是针对还未进入、正在进入农业圈子或竞争能力还很弱小的新农人。在这种情况下，生存比发展更重要。定价不能太高，只要能弥补“变动成本＋固定成本”，有一定的盈利，维持生存是关键。

（2）利润最大化。主要是针对新奇农产品品种或渠道来源可控的农产品，以满足喜欢新奇的顾客追求新产品的心理。这些农产品在市场上与之竞争的产品少或没有，可以定高价，以便更快、更高地获得利润。采取这种策略的品种，一定要物有所值，否则顾客就觉得有“宰客”的味道。

（3）市场份额最大化。实质是经营者以价格的优势来吸引更多的消费者，变相地扩大消费者范围，有利于产品的市场竞争，长期占有市场份额。

（4）面向高端市场。目标市场主要针对收入较高、消费层次高的客户，为其提供优质产品和优质服务，从而增加收益。

21. 农产品有哪些销售渠道?

（1）传统线下渠道。

农户→消费者；

农户→零售商贩→消费者；

农户→产地批发商→销地批发商→零售商贩→消费者；

农户→产地批发商→销地批发商（→供货商）→大型连锁超市→消费者；

农户→产地批发商→销地零售商贩→消费者；

农户→产地批发商（→供货商）→大型连锁超市→消费者；

农户→销地批发商→零售商贩→消费者；

农户→销地批发商（→供货商）→大型连锁超市→消费者；

农户→农产品专业合作社→销地批发商→零售商贩→消费者；

农户→农产品专业合作社→销地批发商（→供货商）→大型连锁超市→消费者；

农户→农产品专业合作社→大型连锁超市→消费者。

（2）现代线上渠道。主要包括“农产品＋网站”“农产品＋微店”。

22. 如何利用手机微信推销农产品？

（1）树立良好形象，增加好友数量。设计一个有个性的微信昵称和头像，一个好的名字，方便传播，可以让你的知名度提升数倍。

（2）微信朋友圈、微信群推介。通过微信朋友圈推介自己的农产品，经常将农产品田间管理、生长势头、成熟程度、销售场面等动态视频传至朋友圈，吸引微信朋友圈点赞、转发、推广、留言、询价、购买。

（3）选好产品。做微信营销，产品很重要，建议选择毛利高、品质好、有特色、大众需求、易传播的农产品，拍摄高质量的图片和视频。把好的产品送给有一定影响力的好友，体验之后他会帮助分享，运用意见领袖的影响力进行推广。

（4）及时分享。当朋友购买你的产品之后，你要及时分享出去，分享的时候一定要把订单信息、对话内容截图放上去，这是一个刺激其他朋友购买的有效方式。

（5）增强信任。把最真实的一面呈现给大家，真心对待每位朋友，多交流沟通，定时分享有价值的信息引起微信好友的关注。

23. 怎样注册微信公众号?

(1) 进入微信公众平台官网。方式一是百度搜索微信公众平台或者微信公众号，点击红色框内容；方式二是直接输入官网地址 https://mp.weixin.qq.com，点击网页右上角“立即注册”，开始注册一个新的账号。

(2) 根据公众号定位，选择注册的账号类型。公众号主要包括两种，一是订阅号，主要偏向于为用户传达资讯，每天可群发 1 条消息，适用人群包括个人、媒体、企业、政府或其他组织；二是服务号，主要偏向于服务交互，每月可群发 4 条消息，适用人群包括媒体、企业、政府或其他组织。

(3) 填写邮箱，激活公众平台账号。进入邮箱查看邮件，获得验证码。同时输入新注册账号准备用的密码，勾选《微信公众平台服务协议》，点击“注册”。

(4) 信息登记。输入你的相关信息，必须是真实有效的资料。微信扫描二维码，并确认。填写手机号，获取验证码，点击“继续注册”。

(5) 填写公众号名称、简介等信息，点击“确认”，这样一个公众号就注册好了。由于信息更改有条件限制，建议一次性填写正确。

24. 怎样开一家淘宝网店？

（1）淘宝开店条件。年满18周岁；有自己的身份证；一个人、一个身份证只能开通一家网店。

（2）淘宝开店准备。硬件准备：电脑、手机、银行卡、相机。电脑要可以上网并能进行简单的图片处理；手机可以接收验证提醒短信；相机可以进行细节拍摄；银行卡需要开通网上银行。

（3）淘宝账号注册。登录淘宝官网（https://www.taobao.com/），点击首页左上角“免费注册”，设置登录名的时候一定要想清楚你的店铺将来要经营什么产品，所取的名字一定要和店铺经营产品有一定的相关性。完成了填写账号信息的步骤之后，填写支付方式，填入自己的银行卡号、持卡人姓名，注册完成。要注意：提供的身份证号、手机号、持卡人姓名一定要与本人一致，否则在支付宝设置和店铺申请中会遇到不便。

（4）淘宝店铺申请。进入淘宝网首页，登录淘宝账号，在登录页面右上角“卖家中心”，有免费开店的页面。有两个选择：一个是个人店铺，一个是企业店铺。按照提示完成填写并提交，等待淘宝公司审核。

25. 用手机开微店有哪些程序？

（1）手机上网搜索并下载安装“微店”

App，点击“注册”（如果要使用你的当前位置，推荐点“好”，为以后操作提供方便），输入你的手机号码，进行注册。

（2）注册完成后，登录到微店首页界面（图5－12）。

图5－12　微店首页界面

（3）创建你的微店名，并填写你的微信号码等，设置完成后点击“完成”。打开创建好的微店，开始添加商品（图5－13、图5－14）。

图 5-13　商品出售界面

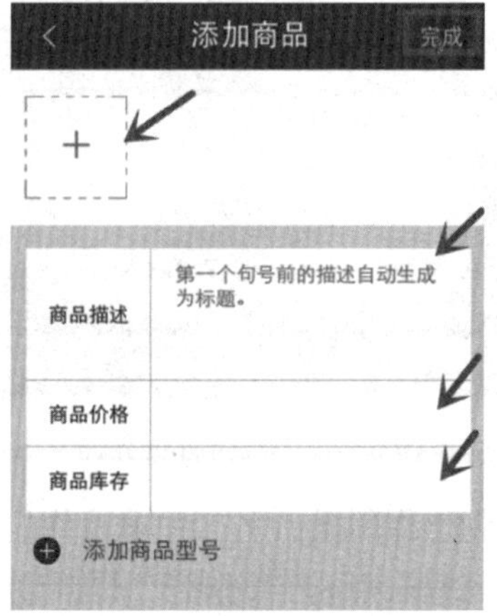

图 5-14　添加商品

（4）为你的商品上传照片，填写好商品信息、标价即可，你的微店就创建好了。

26. 获得贷款的渠道有哪些?

（1）民间借贷。向私人借钱，大多是在半公开甚至秘密情况下进行的资金交易，借贷双方仅靠所谓的信誉维持，借贷手续不完备，缺乏担保抵押，无可靠的法律保障，一旦遇到情况变化，极易引发纠纷甚至刑事犯罪。

（2）银行贷款。指银行根据国家政策以一定的利率将资金贷放给资金需要者，并约定期限归还的一种经济行为。一般要求提供担保、抵押，或者收入证明，个人征信良好才可以申请。

（3）准金融机构。如小额贷款公司、消费金融公司。这类贷款利息介于前两种之间，效率也很高，一般一两天就能拿到钱。还款方式基本都是等额本息，且贷款期限较短，还款压力比较大。

（4）信用卡分期。是短期融资的最佳方式，如果运用得当甚至可以免去一笔利息。不同的银行推出的信用卡分期付款优惠各有不同，包括消费额度、消费商家及免息政策，一定要做好前期调查，这样才能为自己省钱。

（5）网络贷款。借助互联网，可以足不出户完成贷款申请的各项步骤，效率较高。比如：京东白条、蚂蚁花呗、支付宝借呗、腾讯的微粒贷等。

27. 经营规模扩大了，如何进行风险防控？

农业与工业不同，天然存在着风险高的特征。农业企业、家庭农场、农民合作社、种养大户等新型农业经营主体随着经营规模的扩大，风险也在相应扩大。必须有一个良好的风险控制体系，重点防控好自然风险、疫病风险、市场风险、制度风险。

（1）自然风险。农业从自然界获取劳动成果，因此农业基本无法避免自然风险，只能通过避灾、救灾减少影响。除了购买国家政策性农业保险，还可以考虑农业商业保险。

（2）动植物疫病风险。在动植物疫病风险的防控上，主要是严格的技术管理和持之以恒的严密防控心态。

（3）市场风险。农业的市场风险更残酷，这是因为农产品多为鲜活农产品，不耐储存，容易腐烂变质，保质期短暂。应对市场风险，一方面，要重视农产品市场分析，避免陷入“丰收陷阱”；另一方面，要加强生产的组织化程度，通过行业协会、订单农业、合作社联合等方式，稳定市场，畅通产后渠道，保障收益。

（4）制度风险。应对制度风险，需要家庭农场主、合作社负责人、农业企业老板加强对地方产业政策的研究，摆正经营思想，科学选择产业，积极争取优惠政策，避免因一时投机取巧而付出沉痛代价。

28. 如何发挥农业保险的作用？

（1）提高农业保险意识。农业生产受自然环境影响较大，新型农业经营主体随着生产经营规模的扩大，经营风险进一步加大，仅仅依靠自身的能力抵御风险还是远远不够的。因此，购买农业保险，是农业避灾发展的一项重要举措。

（2）积极参保农业政策性保险。政策性农业保险是以保险公司市场化经营为依托，政府通过保费补贴等政策扶持，对种植业、养殖业因遭受自然灾害和意外事故造成的经济损失提供的直接物化成本保险。

（3）有针对性参保商业性农业保险。商业性农业保险的主办方一般是商业保险公司。商业性农业保险的品种多，投保人可自由选择，同时在可保利益的范围内决定投保金额。

六、典型案例

案例 1

学习促进创业　培育成就梦想

王飞，男，汉族，1982 年 1 月出生，中专文化，中共党员，河南省夏邑县刘店集乡徐马庄村人。通过不断学习，王飞创办了家庭农场，目前面积 150 多亩，年纯收入在 100 万元以上，被评为“全国农村青年致富带头人”，当选为河南省第十三届人大代表、商丘市第五届人大代表，成为高素质农民优秀代表。

王飞 1999 年初中毕业后外出打工，2004 年又回家务农，跟着父辈学种蔬菜。王飞头脑灵活，善于创新，在自家 3 亩地里建了两个塑料大棚。由于勤学好问，还参加了农广校组织的绿色证书培训班，学习了大棚蔬菜种植技术，当年亩效益达到 1 万多元。尝到甜头的王飞，第二年把大棚蔬菜规模扩大到 8 亩。为进一步提高管理技能水平，2010 年王飞参加了河南省夏邑县农广校在该村举办的现代种植技术专业中专班。县农广校按照“开设一个专业、办好一个教学班、搞好一个生产示范点、培养一批科技骨干、扶植一项支柱产业、致富一方农民”的教育模式对学员开展系统培养。王飞系统掌握了现代种植技术和经营管理知识，转变了思想观念，创新了经营理念。2012 年，他租地 105 亩，创建了家庭农场，把大棚蔬菜生产和发展优质高效果树结合起来。

2012 年底，夏邑县开始新型职业农民培育工作试点，王飞等人成为首批培育对象。通过理论培训、实地指导、外出考察、政策扶持、跟踪服务等系列培育，王飞综合技能得到提升。按照“人无我有、人有我优、人优我转”的经营思路，他合理安排作物茬口，错开生产管理的繁忙季节，形成了“一年四季有活干，一年四季有钱赚”的经营模式。春季种植的土豆 4 月份收获，大棚杏 5～6 月份上市，紧接着大棚桃子、大棚李子、大棚葡萄上市，优质梨 11 月份收获，大棚蔬菜春节时上市。农场树立质量兴场理念，创新营销思路，注重互联网营销，经营成效显著，不仅自家农场规模有所扩大，还带动周边小农户发展生产，助力贫困户脱贫致富，产生了广泛影响。中央电视台以《四季来财的王飞农场》为题进行了宣传报道。

王飞家庭农场在县农广校的支持下建立了农民田间学校，年接待各地前来参观学习的农民 2 万人次以上。在县农广校的教育培养和跟踪服务下，王飞不断成长进步，综合素质不断提升，家庭农场变成了农民田间学校和实训课堂。其成长历程和成功经验成为农民培训的“活教材”，王飞也成为培训指导教师。

案例点评

高素质农民是有文化、懂技术、善经营、会管理的现代农业生产者，国家正在积极创造条件，如政府资金（或项目）扶持、土地流转服务、金融信贷支持、农业信息和技术服务推广等，吸引更多人才加入到高素质农民队伍中来。同时，通过完善培训体系、抓好培训对象、创新培训内容及强化激励机制全面提升培训效果，培育出更多优秀高素质农民。夏邑县王飞正是通过农广校系统教育培训和跟踪服务，掌握现代种植技术和经营管理知识，创新经营理念，从一名家庭农场主成长为优秀的高素质农民。

案例 2

家明乐家庭农场规划

2013 年 5 月，山东省临沂市农民吴家明在沂水县工商部门登记注册了第一个家庭农场——家明乐家庭农场，意味着沂水首家家庭农场有了“身份证”。

农场创办之初，吴家明参观走访了很多农场，但对政策理解不够透彻，对自己的农场未来如何建设发展也比较茫然。为了选好项目，他向专家进行产业咨询，并决定对农场进行一个系统的规划（图 6－1）。规划人员通过前期的市场调研及对当地自然资源条件分析，明确了家庭农场经营方向是以集谷物和蔬菜种植、畜牧养殖于一体的大型无公害循环农场。选址在交通便利、自然生态环境良好的诸葛镇南门楼社区。通过对目标区流转土地土质的分析，团队农业专家因地制宜设计布局，规划种植核桃、山楂、板栗等果树、绿化苗木，养殖以鸡和黑山羊为主，采取“以菜养鸡、以粪肥菜”的种养生态循环生产模式。规划初步确定了经营的规模和租赁土地的数量以及农场分期发展方案。一期已利用土地50余亩，以鸡和黑山羊养殖为主；二期预计达100余亩，重点发展林地养殖，还有三期规划。功能分区根据因地制宜原则，将项目做如下区划和布局：除入口区，设置成品鸡养殖区、黑山羊养殖区和野生养殖区三个区，并在各区配备饲料房、看护房、休闲房、餐厅等配套设施。基础设施建设重点规划了连接公路的主干道、游道，给排水设施、供电设备及沟渠等。依据项目建设内容及规模，对项目总投资进行初步估算，以及投产后每年的经济效益进行预估，主要包括林果、树苗、养殖收益等。项目一期建设主要以养殖收益为主，当年便可以产生经济效益，后期

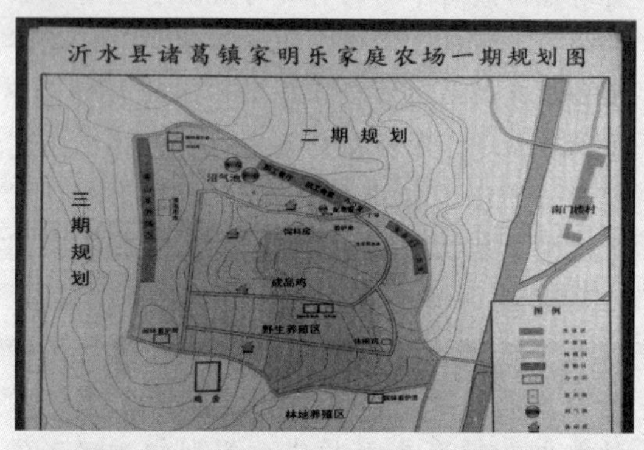

图6-1　家明乐家庭农场一期规划图

的果树和绿化树苗，成活率95%以上，四年达到丰产期后，每年会有50万～80万元的收入。吴家明根据规划有计划、有步骤、有条理地开展农场建设和经营活动，有效地规避市场风险，科学合理进行资金筹措安排，经营效益显著。

案例点评

家庭农场主在投资前经过多方考察，有自己的想法和规划，但真正实施过程却可能遇到许多难题。专业的规划不仅可以根据当地基础设施、自然资源、区位条件、农业产业发展方向及市场前景做一个相对准确的预判，而且可以提供先进的经营理念和管理模式，减少投资盲目性、降低市场风险，保障经营效益和农场的长期可持续发展。

案例 3

建社创业　致富一方

张成忠，内蒙古武川县可镇霍家沟村农民，于2010年6月23日创办了武川县迦南种植专业合作社，流转3 000亩连片土地种植经营，带动农村剩余劳动力就业，同时进行水肥一体化建设、高垄作业、全程机械化耕作，获较好经济效益。

2016年，张成忠参加了县农广校举办的农民培训。创业过程中，农广校在生产技术方面积极提供帮扶，帮助引进新品种、新技术。合作社也高度重视生产资料管理，在生产资料采购上，每年开春前都组织社员们开展一次社员大会，对产前农资需求进行统计，集中采购，争取最优价格，社员可享受到比社外农户每袋8元的优惠补贴。在耕作模式上，合作社实行高垄作业，采用滴灌和喷灌方式进行浇灌，实行水肥一体化，有效地解决了历年来干旱少雨、靠天吃饭的传统方式。

2017年3月份，在现有规模基础上张成忠申请注册了内蒙古迦南农业发展有限公司，扩建优质种植基地，购进大型农机具，实现种、锄、收全程机械化操作。入社农户达110户，户均增收1.5万～3.0万元；非社员400多户，户均增收1.5万元左右，并辐射带动武川县可镇2 000多农户、8 000多农民。合作社连续5年被指定为县马铃薯全程机械化种植基地示范点，2014 年被农业部评定为“国家级示范社”，2016 年被认定为“全国脱贫创业就业示范基地”。

案例点评

张成忠改变传统耕作模式，实行标准化、规模化种植，在产前、产中、产后整个生产过程中，组织社员共同做好农产品生产记录，以“公司＋合作社＋农户＋基地”的发展模式，进行统一管理与指导，增产增收成效显著。

案例 4

花卉园艺事业的“追梦人”

在沪杭高速大云出口处，坐落着一个集文化传播、休闲旅游、科普教育、生产实践为一体的综合性农庄——碧云花园。这，就是潘菊明为之付出 17 年心血的“追梦”之作。

碧云花园占地 1 100 亩，投资 2 亿多元，多年来，始终坚持“碧水云天的生态农庄，鸟语花香的人间天堂”的发展定位，形成了“尚勤尚学，至精至美，共赢共享”的企业文化，经营状况持续向上。

凭着对家乡这片热土的挚爱，依靠党和政府对现代农业的大力扶持，潘菊明决定发展现代休闲农业。2003年他积极吸纳大专院校毕业生，聘请浙江大学教授担任顾问。重人才造就新农民，潘菊明非常重视农业人才的培养，与各高校合作，开设订单班、学徒班等，还成立碧云农学院，将园区作为高校的现场课堂。

潘菊明没有党政机关工作经历，但却欣赏其管理和运行模式。于是，他就尝试着将其管理理念，运用到企业中。在党政机关，党委是决策者，潘菊明就赋予企业董事会类似的职能，负责企业发展策略。政府是执行部门，他就把总经理办公室，定位在董事会发展策略的执行部门。人大是立法和监督部门，他就让自己亲戚参与到企业规章制度制定和监督中来。政协是参政部门，他就建立了“智囊团”，有的擅长规划、有的懂管理、有的懂园艺技术，潘菊明则按需听取“金点子”。在创业发展中，他尝到了建立“智囊团”的甜头。企业内部也建有一套技术与管理双向发展的职称评定与薪酬激励体制，给有才能的人创造了良好的发展平台。

如今碧云花园相继被确定为浙江省各类高等院校的实践基地，也是全国科普教育基地和全国女大学生就业创业实践基地，2014年又被中组部、农业部确定为部级农村实用人才培训基地，为积极培育和造就现代农业人才做出了贡献。

案例点评

由于新型农业经营主体的经营范围大、面积广，农业生产经营者仅仅依靠农业生产技术来进行农业生产经营已经远远不够，还需要具备现代企业生产经营管理知识，其中就包括要掌握现代人力资源管理理念和方法，做好人力资源规划、员工招聘、学习培训、劳动关系管理、绩效管理等，实现人力资源与其他资源的最佳配置，做到岗适其人、人尽其才、才尽其用。

案例 5

集成“猪-沼-菜”技术 发展循环农业

白皙的脸庞、精练的短发、一袭白裙，俨然一个都市青春美少女，谁曾想，她却是一个种着近 300 亩设施蔬菜，整天与 4 000 多头猪打交道的美女猪倌——张凌云。她 2011 年大学毕业返乡创业，开始了生猪养殖生涯。

由于发现农户环保意识不到位，养殖环保设施不完善，大规模养殖给村子环境造成巨大影响，张凌云在从业之初就坚定了要走可持续发展的循环农业之路。2013 年，她创办宝鸡神农农业科技有限公司，紧紧围绕“种养结合，生态平衡”理念，从建设标准化示范基地、购置现代化仪器设备、引进国际优良品种、运用科学化种养技术入手，建成年出栏 10 000 头的生猪养殖基地，280 亩设施蔬菜基地，700 米^3 大型沼气池和年产 10 000 吨的有机肥加工中心，真正走上了可持续发展的循环农业之路。

发展循环农业，受益的不仅有企业，还有当地老百姓。张凌云把养殖场作为“能源中心”，免费为群众安装了输气管道、沼气灶头和卡表，每立方米沼气仅售价1元供给农户，全村群众每年可节约电费12万元；猪粪变成了有机肥，每吨800元，受到周边村镇果农“热捧”；沼液用来浇灌蔬菜，280亩设施蔬菜获得了无公害蔬菜认证，实现了订单销售。2017年，企业销售收入3 000多万元，带动80余名群众务工就业。她的“猪-沼-菜”技术被评为“第二批全国农村创业创新优秀带头人典型案例”。企业被评为“全国巾帼农业创业示范基地”。2018年，张凌云更是获评“全国十佳农民”，成了远近闻名的农民“女状元”和致富带头人。

案例点评

张凌云积极探索集成“猪-沼-菜”技术，发展循环农业，形成了产气、积肥同步，种养并举，能源良性循环的“菜-饲-畜-沼-肥”五位一体循环养殖模式，实现农产品、废弃物互为原料，再收集、再利用、零排放，大大减轻了生猪养殖业给当地环境带来的压力。发展循环农业，受益的不仅有企业，还有当地老百姓，实现了经济效益、社会效益、生态效益“三丰收”。

案例 6

驰骋田野　收获希望

石家庄市藁城区南孟镇韩家洼村的刘和宾，高中一毕业就走南闯北，包煤矿、搞批发，生意干得风生水起。2012 年 9 月，他不顾所有人的反对，拿出全部积蓄流转了村里 500 亩耕地，出人意料地当起了农民。

没有种植经验的刘和宾曾走了很多弯路，为能掌握科学种田及农业管理经验，他到农业农村部门找农业专家咨询，去农科院逛种子市场，到山东、河南等地取经。2013 年藁城区农广校举办了新型职业农民培训班，他毫不犹豫地报名参加了学习。通过专家讲座和现场指导，他了解到：想要小麦高产高效，首先要选择优质的品种，其次在种植过程上运用科学的管理技术，再次是要规模种植，以此提高经济效益。从那以后，他改变传统种植方式，积极运用新技术，实行了每亩 10 千克的精量播种，采用测土配方施肥技术和氮肥后移技术，根据自家田地的实际情况合理用药等。刘和宾给自己算了一下经济账，发现每亩地不仅节省劳力、节约用药用肥等成本200多元，每亩小麦还增收了50多斤*，2015年纯收益近50万元。

经过不懈努力，刘和宾从一个对农活一窍不通的“门外汉”，蜕变成懂技术懂管理的“行家里手”，从生意人变成了地地道道的新农人。2016年，在农业部门支持下，他用上了“微喷灌溉水肥一体化”技术，购进了一批农机，对种植区进行科学规划和布局，还联合当地10个种粮大户率先在全区自发组织成立了藁城区青农汇优质麦种植专业合作社联合社，通过与种子公司建立长期合作关系、签订制种订单的形式，致力将藁城打造成覆盖周边县市的粮食制种基地，让更多的农民参与到订单农业中来，带领周边数百名群众走上现代农业种植的道路。

案例点评

刘和宾通过不断学习应用农业新技术，成为了农业生产经营的行家，生产效益得到了极大提高，同时获得了较高的经济效益。我国农业发展的目标是形成高产、优质、高

* 斤为非法定计量单位，1斤=500克。——编者注

效的农业，应用新技术、创新技术是必由之路。因此，农业生产经营者要在日常农业生产经营过程中，通过提高技术意识，多途径学习农业新技术，加强技术能力，并综合利用农业社会化服务组织等手段，不断提高农业生产经营效益。

案例 7

“金水果”走出水果电商销售新模式

招远市的张海明，是阜山镇南院庄村的一位年轻有为的新农民。2011 年他结束打工生涯回到了家乡务农，由于不懂技术，不掌握市场信息，三年过去了，果园的收入还是不尽如人意。2014 年他参加了农广校组织的新型职业农民培训班。经过学习，他认识到：农民不单单要学习种植技术，还要把生产的苹果卖出去，卖个好价钱。

农广校组织的经营管理培训，让张海明萌生了做电商的想法。经过精心筹划，他于 2015 年 10 月在淘宝网申请注册名为“金水果果园”的个人店铺。为扩大网上销售规模，他采取两条腿走路的方式：一手抓质量，一手抓销售，取得良好效果，不但把自家产的12万斤苹果销售一空，还帮助朋友卖出22万斤。

为打造自己的品牌，张海明在果品生产、保护价收购、强化统一管理等方面进行了有益的尝试，强化了服务管理，坚守着无理由退货的承诺，以保证果品质量的稳定性。2015年12月29日，他与郝玉欣等共同成立了招远市金水果果业合作社，并于2016年9月，注册了"JINSHUIGUO"商标，为后续进军高端市场打下基础。

2016年5月，张海明与伙伴合作，投资20万元，开办了以销售高端产品为主的"金水果"天猫旗舰店，网店经营管理水平和效益进一步得到提高。仅一年时间，店铺的销售额就达到了5 000万元，稳居淘宝果品类目销量前三位。目前，"金水果"高端产品店正在进入深度开发阶段，网店经营品种达到了15个，发展营销团队成员236人，产品销往全国27个省份，同时合作社已吸收社员800多人，管理果园1.2万亩，订购、收购水果超过400万斤。

张海明创办的烟台金水果有限公司以合作社的优质果品为主要来源，通过广招海内外优质客商合作，科学运作，实现了风险共担、利益共享的利益联结机制，使电子商务成为有效联结各方的桥梁和纽带，使参与者共享发展红利，中小农户也参与其中，实现自身价值。同时，公司还吸引了省内外多地农业农村主管部门、农民培训机构、电商企业前来考察和指导。招远市委市政府对张海明做出的贡献予以肯定，2017年授予他创办的企业“农产品电商示范企业”荣誉称号。

案例点评

通过张海明的案例可以看出，电子商务能有效加速农业信息的流通，拓宽农产品销售渠道，创新农产品营销模式，让乡村的农产品飞出去。我国作为农业大国，要增强农业竞争力，电子商务的作用不可忽视。习近平总书记在2016年指出：人类经历了农业革命、工业革命，正在经历信息革命。高素质农民要重视电子商务运用，让农产品生态价值、文化价值得到充分的体现，把更多的农产品转变为农商品。

案例 8

一场大雪给家庭农场带来的不同结果

“辛苦大半辈子，一场雪全部归零。”南京市六合区雄州街道家庭农场主张成宝看着倒塌的高架大棚，难过得一个星期没胃口。

2018 年 1 月 3～4 日，南京市六合区下了 35 年来当地最大的一次暴雪，纯雪量达 48.4 毫米。全区农业损失最大的是设施大棚，其中连栋大棚倒塌 43.76 万米^2。由于经营休闲采摘农业，盖葡萄棚讲究环境舒适，空间集约利用，张成宝 2016 年以每平方米 200 元的造价，建设的 1.35 万米^2 高架大棚，这次都被大雪压塌，直接损失 600 万元。

与此相反，在这场特大暴雪中，江苏句容市的华甸蔬菜家庭农场却损失很少，38 万米^2 的钢架大棚没有一个垮塌。家庭农场主毛洪文说，他经营蔬菜 20 多年，经营风险意识强，防控措施做得周到细致。为了防止风灾雪灾，他在建造大棚时，严格按照标准设计、建造，不偷工减料。而且家庭农场有灾害发生的预案，在这次雪灾中能及时组织人员除雪，虽然对结雪严重的大棚割破了塑料棚顶，损失了一些蔬菜，但钢架大棚丝毫未损。而且家庭农场也参加了农业保险，损失的一些蔬菜得到了保险公司的赔偿。

案例点评

农业生产风险大，一是受自然灾害影响大，自然灾害不可预测性强、破坏力大；二是农产品市场价格波动大，造成经营风险；三是生产要素投入成本风险大等。南方的农业生产者往往对大风大雪这类的自然灾害防备意识不强，也没有应对此类灾害的经验。这次雪灾造成的损失主要原因是部分家庭农场在建造大棚时出于成本的考虑，偷工减料，增加大棚跨度，从而造成钢架的承载力弱，并且雪灾时没有及时采取除雪等应急措施。由于没有参加农业保险，损失也不能得到补偿。这场大雪带给我们的警示是：农业，无论是高科技的现代农业，还是规模化的现代农业，在严重的自然灾害面前，都很脆弱。农业风险大，经营者要有风险意识，要做好万全的预防准备工作。

案例 9

江苏宝星家庭农场创建“乌塘堰”大米品牌

江苏宜兴徐舍镇的宝星家庭农场，因成功打造“乌塘堰”生态大米品牌，成为国内高端大米的主要出产地之一。

2002 年起，熊宝星承包了村里 20 多亩地，种植蔬菜等农产品，近年来，种植规模不断壮大，目前已发展到 1 000 多亩。经过充分的市场调研，他发现近年来上海等大城市寿司店常以高品质大米作原料，但市场供给非常有限，机遇难得。深思熟虑后，他决定拿出规模扩大后的 300 亩稻田引进和种植越光大米，尝试与上海、苏州等周边大城市有需求的客商合作，专供高端大米。

为满足客商需求，熊宝星专门去了一趟日本，实地考察越光大米栽种情况，发现越光大米品质虽然高，但是抗性差，容易受病虫害影响。为此，在栽种过程中，他聘请农业专家进行科学指导，对品种、生长环境严格考察，全程采用自然有机的农耕法，使用有机肥，并在每个环节做好生产记录，严把质量关。由于坚持标准化生产和管理，农场得到了合作客商高度肯定。

为进一步打造品牌效应，宝星家庭农场申报了“乌塘堰”品牌，通过了农产品“三品一标”认证申请，并依托当地电子商务平台进行宣传和销售，开展订单农业，仅2017年种植的300亩越光大米每千克售价在20元左右，是普通大米的3倍以上，300亩稻田销售额能达到240万元。如今，“乌塘堰”生态大米已经远近闻名，早在开镰收割之前，就被客户预订一空。

案例点评

农产品品牌打造是提升农产品销量、提高农产品附加值的重要营销策略。宝星家庭农场通过“精准定位＋有机种植＋标准化生产和管理”深耕种植环节，利用“电子商务＋订单农业”深耕销售环节，成功打造出“乌塘堰”生态大米品牌，是家庭农场打造品牌的成功案例。

案例 10

打造都市白领的共享田园

徐斌毕业于苏州工艺美院服装设计专业，2014年在江苏省苏州市吴中区东山镇流转100亩土地，成立东湖家庭农场，发展生态休闲观光农业。2015—2017年，他通过参加省级青年农场主培养，理论水平与实践技能得到较大提高。农场集传统种养、特色采摘、农事体验、绿色餐饮等于一体，年销售额500万元，利润100多万元，被评为江苏省级、苏州市级示范家庭农场，吴中区农村新型组织规范管理先进单位，同时被认定为现代青年农场主培育创业孵化基地。徐斌本人也获得江苏省十佳高素质农民、江苏省农村电商创业标兵、吴中区创客之星、吴中区服务业重点人才、吴中区好青年等荣誉，被聘为高素质农民培育“乡土人才”型教师。

东湖家庭农场地处AAAAA级景区苏州市东山镇，位于太湖之滨，拥有得天独厚的生态资源。依托该区位特色优势，徐斌对农场的产品种植进行精准定位，严格遵循自然规律，采用生态循环种养模式，以“无反季不催熟”为根本原则，宁可降低产量，不能降低质量，打造了50余种时令绿色蔬果以及家禽、水产品。同时，农场对自产原生态农产品加强“产地保护”，注册“丑鲜生”“御洞庭”两个商标。

近年来，农场积极拓宽经营思路，开发农事体验服务，为广大市民提供土地、种植工具和有机肥料，市民租地种植蔬菜。平时蔬菜管护由农场代工，逢周末或节假日市民前来体验假日的劳作乐趣。农场又推出“私人定制”的经营方式，与快递公司合作，利用互联网平台实现客户线上采购，产品当天线下配送，最迟隔日到货，时间不超过24小时。针对城市高端客户，农场推出会员预售模式，会员以月卡、半年卡、年卡模式享受特供农产品、特惠服务。同时，农场积极探索“O2O”体验模式，通过让客户看、听、用、参与等形式调动消费者的消费欲望，突破传统“理性消费”理念，以“卖服务”和“卖体验”来打造休闲客户群体。

2015年，农场牵头成立苏州市吴中区农场专业合作社，成为江苏省首批、苏州市首家家庭农场合作社，作为理事长单位积极召集入社家庭农场，座谈交流经营思路，推动经营模式共享，帮助大家共同致富。农场直接聘用周边农民从事农场生产、销售、管理等工作，带动 20 多人实现再就业。农场还与苏州农业职业技术学院合作共建农民田间学校，积极参与农民培训，为大学生和农民传授创新创业经验，提供实践、实习场所。

案例点评

休闲农业旅游是一项进行经营思维转化的新式旅游业，新型农业经营主体应多从市场角度考虑产品开发，并通过对有旅游价值的农产品和农业资源进行开发，整合自然生态人文资源，在旅游中融入农户生活、生产和生态等崭新元素，关键是要创新服务观念，通过全面统筹、合理规划设计把独特的农业旅游文化资源挖掘表现出来。徐斌家庭农场在规划设计的基础上，积极拓宽经营思路，开发农事体验服务，能够紧密贴合市场需求，推出“私人定制”产品，不断创新经营模式，取得良好的经济效益。

七、健康生活

1. 健康的生活方式包括哪些内容？

健康生活方式是指有益于健康，习惯化的行为方式。健康生活方式主要包括合理膳食、适量运动、戒烟限酒、心理平衡四个方面（图 7－1）。

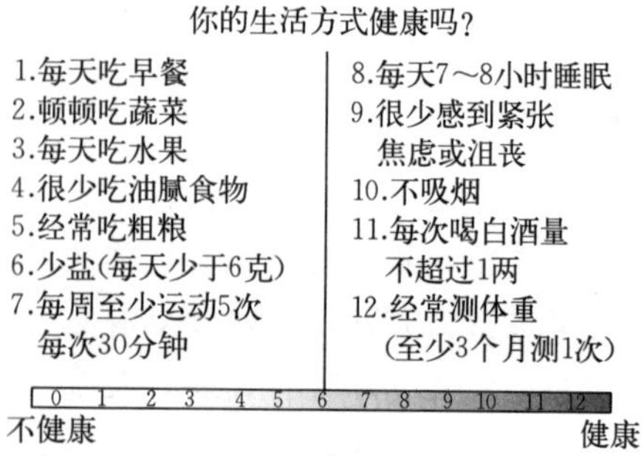

你的生活方式健康吗？

1.每天吃早餐
2.顿顿吃蔬菜
3.每天吃水果
4.很少吃油腻食物
5.经常吃粗粮
6.少盐(每天少于6克)
7.每周至少运动5次
每次30分钟

8.每天7～8小时睡眠
9.很少感到紧张
焦虑或沮丧
10.不吸烟
11.每次喝白酒量
不超过1两
12.经常测体重
(至少3个月测1次)

0 1 2 3 4 5 6 7 8 9 10 11 12

不健康　　健康

图 7－1　生活方式的健康测量

（1）合理膳食。平衡膳食，总量控制，品种多样，限盐控油。

（2）适量运动。走路是最好的运动，提倡三五七。“三”：一次 3 千米 30 分钟以上，“五”：每星期至少运动 5 次，“七”：运动时应达到每分钟心跳次数加自己年龄等于 170。

（3）戒烟限酒。不吸烟，控制饮酒量，每天不超过1两白酒。

（4）心理平衡。做到三个快乐：助人为乐，知足常乐，自行其乐。

不健康的生活方式是影响健康和寿命的主要因素，如吸烟、酗酒、缺乏体力活动、膳食不合理等生活方式，与高血脂、高血压、高血糖、肥胖等密切相关。因此，国家卫生健康委员会等部门发起全民健康生活方式行动，倡导健康生活方式（图7-2）。

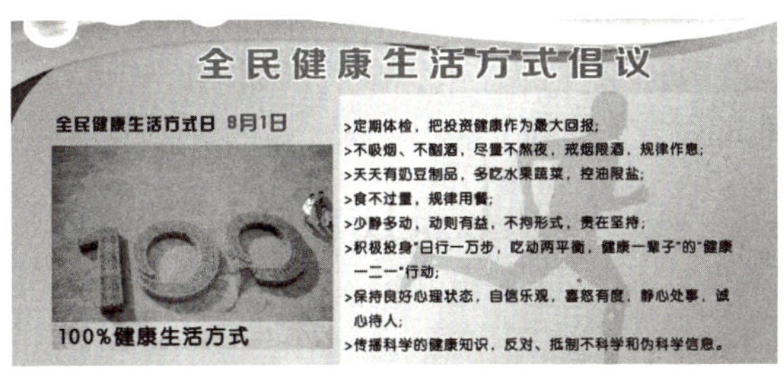

图7-2 全民健康生活方式倡议

这样的生活方式你做到了吗？

2. 为什么说家庭、邻里的和睦有益于健康？

人际关系是人与人在社会交往过程中所形成的相互关系，反映人与人之间基本的心理关系，最重要的特点是具有情感性。诸如家庭中的父母、夫妻关系，社会中的邻里关系、同事关系等，都是人际关系的不同表现形式。

良好的人际关系有助于心理活动的调节，家庭和睦，邻里友善，人际关系好，可以使大家通过相互的信任和帮助，建立一个良好的生活环境。另外，积极、友好的社会交往还有助于个人良好品格的形成与发展，从而更好地适应社会环境，保持身心的健康。

3. 如何保持良好的心理健康状态?

心理健康是指精神、活动正常，心理素质好。简单说就是既能过着平平淡淡的日子，也能经受各种事件的发生。参照下面的心理健康标准，您是否达到了这十项标准（图 7 - 3)?

图 7 - 3　心理健康十项标准

要保持健康心理，应做到：

（1）要善于自我克制。保持清醒的头脑，控制情绪。总结自己所受挫折的原因，用理智去克服事业和情感上的失意，不必为烦心的事情大动肝火。

（2）要善于自我排解。做自己喜欢做的事，如看电视、唱歌、跳舞等。

（3）要善于减轻自己的精神负担，消除心中的郁闷。根据自己的性格、喜好以及当时的心情，或选择幽静清新的环境，或去人多热闹有趣的公共场所，借以转移注意力，忘掉那些令人心烦意乱的事情。

（4）寻找适当的方式宣泄内心的感情。尽可能寻找知心朋友倾吐心中的苦闷，听取他们的意见和见解，让心中的郁结尽快解开。

4. 如何增强体质?

体质即人体的质量，是人体在先天遗传的基础上和后天环境的影响下，人的身、心两方面相对稳定的特质。体质是健康的物质基础。现在的生活水平是越来越高了，但是人的体质确是越来越差了，那么该如何锻炼自己的身体，增强体质呢?

（1）晨跑。所谓晨跑，是指在早晨以跑步为主进行身体锻炼的一种运动方式。晨跑主要以慢跑为主。坚持晨跑可以增强体质、提高免疫力、改善精神状态。这是简单有效、强身健体的好途径（图 7－4）。

图 7－4　晨跑锻炼

（2）早餐。早上要吃好，但是很多人却养成了不吃早餐的习惯，这很不利于身体健康。早餐是日常养生中最关键的一餐，尤其是对体质差的人，营养早餐对于强身健体效果更佳。

（3）晚上散步。白天都忙着干活，只有到了晚上才会有空闲，吃完饭后可以去散散步，同样有利于我们的身体健康，俗话说得好“饭后百步走，活到九十九”，切记不能饭后立刻运动，要等 20～30 分钟后再去散步。

（4）正常休息。良好的睡眠可以提高人体的免疫力，提高身体的免疫系统机能，从而抵御各种病毒的入侵，达到强身健体的目的，所以应该注意正常的作息时间，早睡早起身体好。

（5）忌烟酒。吸烟对人体百害而无一利，过量饮酒同样有损身体健康，身体差的人应该杜绝吸烟，少量饮酒，才有利于身体健康。

5. 怎么进行科学合理饮食?

合理饮食是指我们吃饭要有规律，不能暴饮暴食。配制合理的饮食就是要选择多样化的食物，使所含营养素齐全，比例适当，以满足人体需要（图 7－5）。

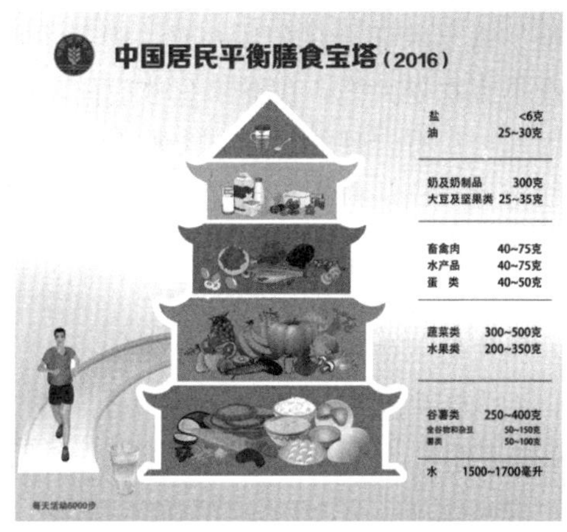

图 7－5　平衡膳食宝塔

合理的饮食，充足的营养，能提高人的健康水平，还能预防多种疾病的发生，延长寿命。饮食过度会因营养过剩导致肥胖症、糖尿病、胆石症、高血脂、高血压等很多种疾病，甚至诱发肿瘤，如乳腺癌、结肠癌等。

饮食中长期营养素不足，可导致营养不良，贫血，多种元素、维生素缺乏，影响儿童生长发育，人体抗病能力及劳动、工作、学习的能力下降。怀孕期间营养不良可引起流产、早产，甚至畸形。

一日三餐不仅要定时定量，更重要的是要能保证营养的供应，做到膳食平衡。要求：早餐吃好，午餐吃饱，晚餐吃少。早餐吃好，是早餐应吃一些营养价值高、少而精的食品。午餐要吃饱，是午餐要保证充足的质与量。晚餐少而淡，晚餐也不宜吃得太晚，在下午 6 时左右为宜。

因此，只有合理的饮食，才能从营养和卫生两方面把好“病从口入”关。

6. 家庭卫生环境对健康有什么影响?

农民家庭卫生应该达到的要求有：

（1）人畜要分居，家畜家禽要圈养，猪牛羊有圈，鸡鸭有棚舍，做到勤除圈、勤打扫（图 7－6）。

图 7－6　家畜家禽圈养

（2）柴草煤堆摆放要整齐，杂物和食物要分别堆放，农药、化肥与食物分开；庭院要养花种树，绿化美化。

（3）农户厕所要符合卫生要求，有墙有棚，粪便要做到无害化处理，垃圾要按规定标准处理（图7－7）。

图7－7　农户厕所

农村卫生保健对家庭成员的卫生要求：经常洗澡，勤剪指甲，头发清洁、勤理，每天洗漱，一人一刷，每天刷牙，不喝生水，生吃瓜果要洗净，不随地吐痰，不随地大小便。

7. 农村常见的污染源与污染物有哪些？

人类所患的许多疾病都与环境污染有很大的关系。农村环境污染主要来自化肥、农药、残膜、畜禽和水产养殖、秸秆燃烧污染等。

（1）农药污染。农药能够减少病虫害，促进农业增产，但过量使用或使用不当易引起急性中毒。农药中的有机溶剂和部分残留农药会污染土壤、大气和水环境，引起新生儿畸形以及白血病、肝癌等各种疾病的发生。

（2）化肥污染。化肥用量过大、化肥使用不当或施用后利用率不高，都会导致化肥大量流失，引起水体、土壤和大气污染。

（3）残膜污染。农膜是塑料制品，极难分解，残膜若不能及时回收，会造成地下水难以下渗、土壤次生盐碱化，影响土壤质量和作物产量。

（4）畜禽和水产养殖污染。畜禽养殖物排泄的粪便等废物会污染土壤、水和空气，患病或隐性带病畜禽的排泄物会引起疫病传播。水产养殖产生的排泄物、饲料残饵、渔药残留都会对养殖水体造成污染。

8. 农村公共环境如何维护?

农村公共环境维护主要措施有保护水源、积肥蓄粪无害化、卫生厕所、清洁空气。

（1）保护水源就是保护生命。水资源的保护和利用已到了刻不容缓的时候，尤其是农村饮用水和排灌水源的保护。保护水源、防止水污染，饮用水的消毒处理等，对于预防传染病，保障村民健康，具有非常重要的作用。

（2）积肥蓄粪无害化。粪便里含有大量的氮、磷、钾等农作物所必需的元素，肥效高，用途广。但是，粪便里可能含有致病的细菌、病毒以及寄生虫卵等，管理不当就会污染环境，或通过苍蝇、家养动物等传播疾病。因此，没有经过处理的新鲜粪便，不能当作肥料施用到田地里。

粪便无害化处理的目的是杀死粪便里的致病微生物和寄生虫卵，保存粪便的肥效，防止苍蝇滋生，防止污染土壤、水源、空气以及周围环境。粪便无害化处理的方法有粪尿混合封存法、发酵沉卵法、沼气发酵法、高温堆肥法、化学药物处理法等。

（3）卫生厕所。厕所是收集和储存粪便的主要场所，也是进行粪便的无害化处理、更好地发挥肥料作用的必要条件。因此，修建卫生厕所对积肥、保肥、防止污染、减少疾病都有重要意义。

卫生厕所要有墙、有顶，厕坑及贮粪池无渗漏，贮粪池有盖，厕室清洁，无蝇蛆，基本无臭味（图 7－8）。其主要形式包括三格化粪池式、三联沼气池式、双瓮漏斗式、完整下水道式等。

（4）清洁空气。保护农村大气免遭污染的办法很多，其中主要有：合理布置工厂与村民住宅

图 7-8　卫生厕所

的位置，绿化造林，改变燃烧方法和燃料的组成，工厂要改进排烟设施。将几个烟囱的烟集中到一个烟囱排放，加高烟囱，烟囱越高，烟就越容易扩散和稀释。

9. 常见家庭急救与护理方法有哪些？

（1）成人呼吸道异物处理。现场急救：先让患者臀部抬高，头尽量放低，然后用手掌稍用力连续拍打病人背部，以促使异物排出。

此法无效时，可立即从患者背后拦腰将其抱住，双手叠放在病人上腹部，快速用力地向后上方挤压，随即放松，如此反复数次，通过膈肌上抬压缩肺脏形成气流，将异物冲出。进行抢救时要注意，动作必须快速，用力适度。

（2）成人误服药物及毒物的急救措施。

第一，过量服用了维生素、健胃药、消炎药的急救。通常问题不大，只要大量饮水，刺激喉咙，使之大部分呕吐出来，或从尿中排出即可。

第二，服用安眠药、有机磷农药、石油制品的急救。应立即去医院抢救。医院离家较远的，在呼叫救护车的同时进行现场急救。现场急救的主要内容是立即催吐及解毒。可让病人大量饮用温水，然后用手指（或筷子）伸入口内刺激咽部催吐。如此反复至少 10 次，直至吐出物澄清、无味为止。催吐必须及早进行。

第三，误服强酸强碱性化学液体的急救。不可给予清水及催吐急救，而是应该立即给牛奶、豆浆、鸡蛋清服下，以减轻酸碱性液体对胃肠道的腐蚀。同时立即送往医院急救。

（3）一氧化碳中毒的表现与急救。为促其清醒可用针刺或指甲掐其“人中穴”。若其仍无呼吸则需立即开始口对口人工呼吸。对昏迷较深的患者不应立足于就地抢救，而应尽快送往医院，但在送往医院的途中人工呼吸绝不可停止，以保证大脑的供氧，防止因缺氧造成的脑神经不可逆性坏死。

（4）急性心肌梗死的急救。急救时患者保持镇定的情绪十分重要。家人或救助者更不要惊慌，应就地抢救，让病人慢慢躺下休息，尽量减少其不必要的体位变动，并立即给予 10 毫克安定口服，同时呼叫救护车或医生前来抢救。

在等待期间，如病人出现面色苍白、手足湿冷、心跳加快等情况，多表示已发生休克，此时可使病人平卧，足部稍垫高，去掉枕头以改善大脑缺血状况。如病人已昏迷、心脏突然停止跳动，家人不可将其抱起晃动呼叫，而应立即采用拳击心前区使之复跳的急救措施。若无效，则立即进行胸外心脏按压和口对口人工呼吸，直至医生到来。

（5）高血压危象的救治。患者要立即绝对卧床休息，并服用心痛定（硝苯地平）、降压乐（复方地舍平片）、利血平等快速降压药及安定 10 毫克。严禁服用氨茶碱、麻黄碱等兴奋剂或血管扩张剂。同时呼叫救护车，尽快送往就近医院系统治疗。

10. 维持健康应注意哪些问题？

（1）营养。营养不足和过剩都会产生疾病。要荤素搭配，多吃新鲜蔬菜、水果、鱼、豆类及其制品，多吃天然食物，少吃加工食物和调味品。

（2）运动。适当的运动是一剂补养佳品。坚持运动，尤其是户外活动，还可放松大脑，陶冶情操。步行就是最好的选择，每天晚饭后都可走上一段。

（3）水。多喝水去毒除病。晨起一杯水，可清洗胃肠道，预防心绞痛的发作。要养成每天晨起喝水，未渴先饮，科学喝水的好习惯。

（4）阳光。阳光中的紫外线，可杀死病菌，还可促进钙的吸收，有利于防治骨质疏松症。

（5）节制。拒绝一切有害身体的不良嗜好，如戒烟、戒酒，拒绝“三高”食物以及过咸食物。

（6）空气。清新的空气能促进人体健康，坚持常到户外走走。少吸入污染的空气，如工业排出的废气、汽车尾气、烟雾等，它们均含有大量的致癌物质和铅，能够诱发癌症和老年痴呆症。

（7）休息。每天的睡眠要保证6～8小时，坚持早睡早起，午饭后应午睡片刻，安排一定的休闲时间，以消除大脑、身体的紧张和疲惫。

（8）信仰。信仰是健康长寿的重要因素。没有信仰，人就没有追求，失去心灵的依托和责任感，处于空虚、悲观之中，无所事事，得过且过，不努力改变现状，使身体懈怠、疲惫、退化，易为疾病所侵袭。

参 考 文 献

龚子同，陈鸿昭，张甘霖 . 2015. 寂静的土壤［M］. 北京：科学出版社 .

杭州市建设健康城市工作领导小组办公室 . 2009. 杭州市民健康生活读本 . 农村版［M］. 杭州：杭州出版社 .

龙实望 . 2015. 土地流转合同该怎么签［J］. 农家参谋（11）：21 - 22.

吕贻忠，李保国 . 2006. 土壤学［M］. 北京：中国农业出版社 .

农产品定价的 6 大诀窍 . http：//www. lthx. cn/article/nongchanpindingjia. html.

农村企业需要防范哪些风险？. https://www. tuliu. com/read - 34658. html.

全国九亿农民健康教育行动办公室，湖南省九亿农民健康教育行动办公室 . 1998. 九亿农民健康教育读本 . 生活 · 环境 · 劳动分册［M］. 长沙：湖南科学技术出版社 .

如何从零开始在淘宝开好一家店？. https://www. zhihu. com/question/19767717.

时海燕，严东权 . 2016. 农民合作社建设管理［M］. 北京：中国农业出版社 .

王晓民，杨忠山 . 2012. 开展农村土地有序流转 助推农

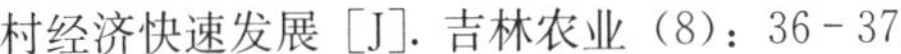

村经济快速发展［J］. 吉林农业（8）：36－37.

微信公众号账户申请流程 . http://www.rackspacechina.com/content/? 490.htmll.

巫建华，严东权 . 2016. 家庭农场经营管理［M］. 北京：中国农业出版社 .

徐明岗，刘保存，陈守伦，等 . 2017. 土壤保护 300 问［M］. 北京：中国农业出版社 .

余幼鸣 . 2007. 健康生活知识问答［M］. 广州：广东科技出版社 .

张揆一，郑秀华 . 2008. 农民健康生活指南［M］. 武汉：湖北科学技术出版社 .

张晓方，任伯绪 . 2015. 农村居民健康生活与慢性病防治 100 问［M］. 北京：中国农业出版社 .